JN093617

知財検定

知的財産管理技能検定®

テキスト&過去問題集

'23~'24年版

3級

過去問
最新8回分
収録

宇田川 貴央 著

秀和システム

●注意

(1) 本書は編著者が独自に調査した結果を出版したものです。

(2) 本書は内容について万全を期して作成いたしましたが、万一、ご不審な点や誤り、記載漏れなどお気付きの点がありましたら、出版元まで書面にてご連絡ください。

(3) 本書の内容に関して運用した結果の影響については、上記(2)項にかかわらず責任を負いかねます。あらかじめご了承ください。

(4) 本書の全部または一部について、出版元から文書による承諾を得ずに複製することは禁じられています。

(5) 商標

本書に記載されている会社名、商品名などは一般に各社の商標または登録商標です。

※「知的財産管理技能検定®」は知的財産教育協会の登録商標です。

※テキスト編と過去問編の過去問の掲載につきましては、知的財産教育協会の承諾を得ております。

※本書は2023年5月1日現在施行されている法令や公開情報に基づいたものとなっています。受検に際しては、最新情報についても適宜ご参照いただくことをおすすめいたします。

はじめに

本書は、「知的財産管理技能検定®」３級を受検される方のためのテキスト＆過去問題集です。

近年、人々のライフスタイルの変化に伴い、「所有」から「共有（シェア）」の時代へと移りつつあり、実際にシェアリングサービス等も普及してきています。また、人工知能やビッグデータの活用等に関する技術革新は目覚ましいものがあります。このような新たなサービスや技術、つまり「知的財産」を適切に管理・保護することが、ビジネスにおいて重要となっています。

知的財産管理技能検定®（知財検定）は、このような知的財産のマネジメントスキルを評価する国家試験です。知的財産については、それを保護するための権利が各種の法律によって定められています。したがって、より具体的には、この検定はビジネス等における知的財産に関する事案に対して、知的財産に関する法律知識を活用して適切に対応するためのスキルを評価する試験といえます。

知的財産について学校等で学ぶ機会も少なく、どのように学習すればいいかわからない方も少なくないのではないでしょうか。また、働きながら試験合格を目指す方が大半だろうと思います。そこで、初学者や時間がない方でも最短で知財検定３級に合格できるように、出題されるポイントをわかりやすく記載したテキスト、及び学科試験・実技試験の過去問各４回分の問題・解説を１冊にまとめました。

この試験では、知的財産に関する基本的な法令の理解、及びそれをもとに実務において知的財産を管理するための基礎的な知識を幅広く問われます。本書のテキスト編の説明に目を通して知的財産についての概要がつかめたら、過去問編で実際にどのような問題が出題されているのかを把握することが合格への近道となるでしょう。

本書の活用により、知財検定に合格され、もって日常の業務により一層邁進されることを祈念してやみません。

2023年7月

宇田川貴央

CONTENTS

第2章　意匠法

第3章　商標法

第4章　知的財産に関する条約

第5章　著作権法

CONTENTS

第6章　その他知的財産に関する法律

<過去問編>

知財検定とは

知的財産管理技能検定®（知財検定）とは、特許や商標等の知的財産を管理するスキルを評価する国家試験です。

この試験では、企業等において、知的財産の創造、保護、管理等に関する業務に従事する方にとって必要な知識や技能が問われます。

この試験は、学科試験と実技試験があり、難易度に応じて３級、２級、１級に区分されています。３級、２級については管理業務のみですが、１級については３つの業務（特許専門業務、コンテンツ専門業務、ブランド専門業務）に分かれています。

学科試験と実技試験の両方に合格すると、知的財産管理技能士となれます。

各試験の対象者像は以下の通りです。

３級　管理業務

知的財産分野について、初歩的マネジメント能力がある。

２級　管理業務

知的財産分野全般について、基本的なマネジメント能力がある。

１級

知的財産分野のうち、以下の能力がある。

特許専門業務：特に特許に関する専門的な能力

コンテンツ専門業務：特にコンテンツに関する専門的な能力

ブランド専門業務：特にブランドに関する専門的な能力

資格を取得するメリット

習得したスキルを活かして活躍できる

以下、特許を例にとり、活かせるスキルについて記載します。

- 特許権のライセンス契約の場面における法律上の問題の有無について、簡易的な判断ができるようになる（特に企業の知財部、法務部の方に有用）
- 弁理士等の社外の知的財産の専門家と円滑にコミュニケーションがとれるようになる（特に企業の知財部の方に有用）
- 特許権取得を念頭に置いた研究開発活動ができるようになる（特に企業の研究

開発部門の方に有用)

・特許出願から権利化までの過程で適切な手続をとることができるようになる(特に特許事務所の事務担当の方に有用)

就職や昇進等において有利に働く

・就職活動や転職活動の際に知的財産に関する関心、知識をアピールすることができる

技能士資格を昇進、人事考課の要件としている主な企業について、以下の知的財産教育協会「知的財産管理技能検定®」ウェブサイトに掲載されています。

HP：https://www.kentei-info-ip-edu.org/exam_kekka_dantai.html#kigyou_02

3級試験の概要

試験実施月	原則として、毎年3月、7月、11月
実施地区	全国の主要都市
試験の方法	学科試験:筆記試験(マークシート方式_3肢択一式) 実技試験:筆記試験(記述方式・マークシート方式併用) ※いずれの試験も問題数は30問、試験時間は45分
合格基準	学科試験、実技試験ともに満点の70%以上
受検資格	知的財産に関する業務に従事している者又は従事しようとしている者 ※必ずしも実務経験は必要ではありません。
受検手数料	学科試験、実技試験ともに6,100円
申込方法	個人申込、団体申込(いずれもWeb又は郵送で申込) 国家試験知的財産管理技能検定®受検申込手続➡ ※学科試験と実技試験を併願することができます。
申込受付期間	試験実施日の約20週前〜約5週前
法令基準日	原則として、試験日の6カ月前の月の1日現在で施行されている法令等に基づく

詳細は、以下の知的財産教育協会「知的財産管理技能検定®」ウェブサイトをご確認ください。

HP：https://www.kentei-info-ip-edu.org/

３級試験の範囲

試験科目及びその範囲	試験科目及びその範囲の細目
学科試験	
1 保護(競争力のデザイン)	
1－1 ブランド保護	ブランド保護に関し、初歩的な知識を有すること。
1－2 技術保護	Ⅰ 国内特許権利化に関し、初歩的な知識を有すること。 Ⅱ 外国特許権利化に関し、次に掲げる事項について初歩的な知識を有すること。 (1)パリ条約を利用した外国出願手続 (2)国際出願手続 Ⅲ 品種登録申請に関して初歩的な知識を有すること。
1－3 コンテンツ保護	コンテンツ保護に関し、初歩的な知識を有すること。
1－4 デザイン保護	デザイン保護に関し、初歩的な知識を有すること。
2 活用	
2－1 契約	契約に関し、次に掲げる事項について初歩的な知識を有すること。 (1) 知的財産関連契約 (2) 著作権の権利処理
2－2 エンフォースメント	エンフォースメントに関し、次に掲げる事項について初歩的な知識を有すること。 (1) 知的財産権侵害の判定 (2) 国内知的財産関連訴訟
3 関係法規	次に掲げる関係法規に関し、知的財産に関連する事項について初歩的な知識を有すること。 (1) 民法(特に契約関係法規) (2) 特許法 (3) 実用新案法 (4) 意匠法 (5) 商標法 (6) 不正競争防止法 (7) 独占禁止法 (8) 著作権法 (9) 種苗法 (10) 特定農林水産物等の名称の保護に関する法律 (11) パリ条約 (12) 特許協力条約 (13) TRIPS協定 (14) マドリッド協定議定書 (15) ハーグ協定 (16) ベルヌ条約 (17) 商標法に関するシンガポール条約 (18) 特許法条約 (19) 弁理士法

実技試験	
管理業務	
1 保護(競争力のデザイン)	
1－1 ブランド保護	ブランド保護に関し、業務上の課題を発見し、上司の指導の下で又は外部専門家等と連携して、その課題を解決することができること。
1－2 技術保護	Ⅰ 国内特許権利化に関し、業務上の課題を発見し、上司の指導の下で又は外部専門家等と連携して、その課題を解決することができること。 Ⅱ 外国特許権利化に関し、次に掲げる事項について業務上の課題を発見し、上司の指導の下で又は外部専門家等と連携して、その課題を解決することができること。 (1)パリ条約を利用した外国出願手続 (2)国際出願手続 Ⅲ 品種登録申請に関し、業務上の課題を発見し、上司の指導の下で又は外部専門家等と連携して、その課題を解決することができること。
1－3 コンテンツ保護	コンテンツ保護に関し、業務上の課題を発見し、上司の指導の下で又は外部専門家等と連携して、その課題を解決することができること。
1－4 デザイン保護	デザイン保護に関し、業務上の課題を発見し、上司の指導の下で又は外部専門家等と連携して、その課題を解決することができること。
2 活用	
2－1 契約	契約に関し、次に掲げる事項について業務上の課題を発見し、上司の指導の下で又は外部専門家等と連携して、その課題を解決することができること。 (1) 知的財産関連契約 (2) 著作権の権利処理
2－2 エンフォースメント	エンフォースメントに関し、次に掲げる事項について業務上の課題を発見し、上司の指導の下で又は外部専門家等と連携して、その課題を解決することができること。 (1) 知的財産権侵害の判定 (2) 国内知的財産関連訴訟(当事者系審決等取消訴訟を含む)

最新情報は「知的財産管理技能検定®」のウェブサイト(https://www.kentei-info-ip-edu.org/)で適宜ご確認ください。

合格するための勉強法

学科試験と実技試験とで問われる知識の程度に差はないといえます。両試験について並行して学習を進め、知的財産に関する知識を深めていきましょう。

合格のために必要な時間は50時間程度といわれています。1日1時間勉強すれば、2カ月弱で合格レベルに達する計算となります。

本書を使った学習プラン

業務で知的財産にかかわっている方は、まず、本書の過去問編の問題を解くことからはじめてみてください。問題を解いて知らない知識や疑問に思うことがあれば、テキスト編の該当箇所を読んで理解を深めます。

これまで、知的財産が身近でなかった方は、知的財産とはどのようなものかを把握するために、テキスト編を一通り読んでみましょう。その後、過去問を解いてみて、不安な点は再度テキスト編で確認します。このように、テキスト編と過去問編を繰り返し学習することで、知識を定着させるとよいでしょう。

出題の傾向と対策

以下、本書の過去問編に収載されている8回分（第41回～第44回学科・実技）の問題をもとに、出題の傾向、及び対策を解説します。

学科試験

学科試験は、基本的な法律知識を習得しているかを問う3肢択一の問題と空欄補充（穴埋め）問題です。本書のテキスト編の内容を理解できていれば、合格点を獲得するのは難しくないでしょう。

過去4回分の法律ごとの出題数は以下の通りです。

特許法・実用新案法：4～7問

意匠法：2～4問

商標法：4～6問

条　約：2～3問

著作権法：9～11問

その他関連法：4～5問

実技試験

実技試験は、事例形式となっており、知的財産業務の担当者として適切な対応がとれるかを問う問題です。したがって、知的財産になじみのない方は、事例の設定に戸惑うことがあるかもしれませんので、過去問を通じて事例に慣れることが合格へとつながるでしょう。

実技試験は以下のように構成されています。

問1～6：特許法に関する事例問題（特許出願や発明の定義について）

問7～12：著作権法に関する事例問題（著作権の帰属、著作権の制限について）

問13～26：各種事例問題

問27：主に期間に関する計算問題（特許法における出願審査請求期間、権利の存続期間）

問28～30：空欄補充問題（商標法における保護対象、及び無効審判制度等について）

また、過去4回分の法律ごとの出題数は以下の通りです。

特許法・実用新案法：9～11問

意匠法：3～4問

商標法：5～6問

条　約：2問

著作権法：8～9問

その他関連法：1～2問

特許法・実用新案法

特許法、実用新案法、意匠法、商標法をまとめて産業財産権法といいますが、特許法は産業財産権法の根幹ともいえる法律です。つまり、他の産業財産権法と共通する条文が多いので、特許法をしっかりと理解することで、他の法律の学習も進みやすくなります。

特許法においては、まず特許要件について理解することが重要です。特許要件とは、特許を受けるための条件のことをいいます。特に、特許法上の保護対象となる発明、新規性とその例外規定、進歩性、及び先願主義等に関する問題が頻出です。それぞれの要件を丁寧に覚えるようにしましょう。

特許出願から権利化までの手続において重要なのは、出願書類、及び審査に関する手続です。特に、出願に必要な書類の種類、審査を開始するための手続（出願審査請求）、及び審査結果への対応方法について把握できるとよいです。

権利の存続期間や、権利の侵害に関する問題は、特許法に限らず、他の産業財産権法でも頻出です。存続期間については他の法律と比較しながら、権利がいつから始まり何年間継続するのかを覚えるとよいです。また、どのような行為が権利の侵害に該当するのかを理解することが重要です。

実用新案法については、特許法との保護対象の違いや、実用新案法に特有の技術評価制度等について理解しておきましょう。

意匠法

意匠法においても、登録要件として意匠法上の保護対象となる意匠に関する問題が頻出です。この点に関しては、意匠法の条文をもとにした問題だけでなく、審査基準からも出題されるので注意が必要です。また、新規性について特許法との違いを理解することが重要です。特許法の進歩性に似た規定である創作非容易性についてもよく出題されています。

意匠法特有の規定である部分意匠、動的意匠、組物の意匠、内装の意匠、秘密意匠も重要なので、それぞれの内容をよく理解しましょう。

商標法

商標法の保護対象となる商標に関する問題もやはり頻出です。登録要件としては、使用及び識別力に関するもの、並びに不登録事由に関してよく出題されています。

商標法に特有の規定である更新登録の申請、登録料の分割納付、及び不使用取消審判等についてもしっかりと学習しておくとよいでしょう。

このほか、産業財産権法については、各法律に特有の規定（特許法における出願審査請求等）、及び各法律に共通する規定（権利を発生させるための手続、実施権等）を意識して学習することが重要となります。

知的財産に関する条約

パリ条約、及び特許協力条約（PCT）に関する問題が頻出です。

パリ条約に関しては、三大原則である、内国民待遇の原則、優先権制度、各国特許独立の原則について理解しましょう。

PCTに関しては、国際出願、国際調査、及び国際予備審査について、規定の内容を把握することが重要です。

著作権法

著作権法については、最も多く出題されるため、この法律の学習には力を入れる必要があります。

まず著作物の定義を確認し、著作権法上の保護対象となる著作物を理解しましょう。

著作権には大きく分けて、著作者人格権、財産権としての著作権、及び著作隣接権があります。それぞれ混同しないように注意するとともに、各権利の内容（誰に帰属するか、譲渡可能か否か、存続期間等）を理解することが重要です。

財産権としての著作権のうち、複製権とその例外、譲渡権とその例外に関する問題が頻出です。

その他知的財産に関連する法律

不正競争防止法、独占禁止法、種苗法、弁理士法、民法等について出題されます。

不正競争防止法、及び独占禁止法については、不正競争行為、及び独占禁止法違反となる行為を理解するようにしましょう。

種苗法については、品種登録の要件、育成者権の効力、存続期間について覚えることが重要です。

弁理士法については、弁理士の業務について把握するとよいです。

民法については、契約に関する内容をおさえておきましょう。

知的財産権と産業財産権

知的財産権

産業財産権	
・特許権(特許法)	・著作権(著作権法)
・実用新案権(実用新案法)	・地理的表示（地理的表示法等）
・意匠権(意匠法)	・商品等表示・商品形態(不正競争防止法)
・商標権(商標法)	・商号(会社法・商法)
	・育成者権(種苗法)
	・回路配置権(半導体集積回路の回路配置法)

知的財産権のうち、特許権、実用新案権、意匠権、商標権の４つは「産業財産権」と呼ばれます。これらの権利を取得することによって、一定期間、新しい技術等を独占的に実施（使用）することができます。

＜テキスト編＞

第1章

特許法・実用新案法

特許法は、自然法則を利用した技術的思想の創作のうち高度のものである発明の保護及び利用を図ることにより、発明を奨励し、もって産業の発達に寄与することを目的としています。
実用新案法は、物品の形状、構造、又は組合せに係る考案の保護及び利用を図ることにより、その考案を奨励し、もって産業の発達に寄与することを目的としています。

重要度 ★★★★★

1 特許法と発明

特許法上の発明に該当するものが、特許権によって保護される。

条文でCheck!
〔特許法1条〕
この法律は、発明の保護及び利用を図ることにより、発明を奨励し、もつて産業の発達に寄与することを目的とする。

1 特許法の目的

「発明の保護及び利用を図ることにより、**産業の発達**に寄与すること」が特許法の目的です。

特許法に基づいて、新しい技術に関する発明について特許出願をし、設定の登録を受けた場合に、一定の期間、その発明を独占的に実施できる権利である特許権が与えられます。

一方で、その特許出願(つまり発明)は公開されます。発明が公開されることによって、他者もその発明を知ることができ、その発明をさらに改良した発明が生まれ、産業の発達につながります(出願公開については「7 出願公開と出願審査請求」参照)。

つまり、特許法は、発明を適切に保護及び利用できるようにするためのルールといえます。

条文でCheck!
〔特許法2条1項〕
この法律で「発明」とは、自然法則を利用した技術的思想の創作のうち高度のものをいう。

2 発明

発明とは、「**自然法則**を利用した**技術的思想**の**創作**のうち高度のもの」をいいます。

「**物**」と「**方法**」についての発明が、特許法で保護されます。

①自然法則を利用したもの

自然法則とは、自然界において経験的に見出される科学的な法則をいいます。

自然法則自体、自然法則に反するもの、及び自然法則を利用していないものは、発明に該当しません。

自然法則自体:エネルギー保存の法則等

自然法則に反するもの:永久機関等

自然法則を利用していないもの:**コンピュータプログラム言語**等。なお、**プログラム**は物の発明として特許法で**保護されます**。

②技術的思想であるもの

技術とは、一定の目的を達成するための具体的手段をいい、技術的思想とは、技術に関する抽象的なアイデアのことをいいます。

重要

つまり、技術とは実際に利用でき、知識として伝達できるものをいい、個人の熟練によって得られる**技能(フォークボールの投球方法**等)は技術的思想に該当しません。

Point

単なる情報の提示(データベースや機器のマニュアル等)や単なる美的創造物(絵画・彫刻等)も技術的思想に該当しません。

頻出!

第43回実技問17ア
第41回実技問18ア

③創作であるもの

「創作」とは、**新しいことを創り出すこと**です。

天然物や自然現象等の単なる発見は、発明に該当しません。

なお、**天然物から人為的に単離した化学物質等**は、創作されたものであり「発明」に該当します。

④高度であること

発明は、自然法則を利用した技術的思想の創作であって、さらに「高度」である必要があります。

Point

実用新案法の保護対象である「考案」のように、技術水準の比較的低い、いわゆる小発明は特許法上の「発明」に該当しません。

過去問でチェック!

次の記述は正しいか、誤っているか？

1. 熟練した技能工の動きを再現したロボットは、いわゆる個人の技能に関するものであるため、特許法上の保護対象である発明に該当しない。
2. ロボットを制御するための新たなコンピュータ言語は、特許法上の保護対象である発明に該当する。

解答・解説

正解：1×、2×（第40回実技問1・2改題、問5・6改題）

1. ロボットは物であるため、特許法上の保護対象である発明に該当します。
2. コンピュータ言語は自然法則を利用したとはいえず、特許法上の保護対象である発明に該当しません。

重要度 ★★★★

2 特許要件①（産業上利用することができる発明）

「発明」であっても、産業上利用することができない発明は、特許法で保護されない。

条文でCheck!
〔特許法29条1項柱書〕
産業上利用することができる発明をした者は、次に掲げる発明を除き、その発明について特許を受けることができる。

Point
産業上利用することができる発明が、特許法で保護されます（産業上利用可能性）。

1 特許要件

特許権が与えられるための条件を、特許要件といいます。たとえ、発明が完成したとしても、その発明について特許権の設定の登録がされなければ、その発明は特許法による保護を受けられません。つまり、その発明を独占して実施することができません。

2 産業上利用することができる発明

「産業の発達に寄与」することが、特許法の目的であるため、「**産業**」上利用することができる発明でなければ、保護されません。

産業とは、広く解釈され、製造業、鉱業、農業、漁業、運送業、通信業、**サービス業**等が該当します。

なお、**工業的に生産することができる必要はありません。**

3 産業上利用することができない発明

産業上利用することができない発明は、次の通りです。

①人間を手術、治療、又は診断する方法

以下の医療行為は、産業上利用することができない発明に該当します。

ⅰ）手術方法

外科的処置を施す方法、カテーテル等を使用する方法、美容又は整形のための手術方法、手術のための予備的処置等。

ⅱ）治療方法

病気の軽減及び抑制のために、投薬、物理療法等の手段を施

す方法、代替器官(人工臓器・義手等)の取付け方法、病気(風邪・虫歯等)の予防方法等。

iii）診断方法

医療目的で身体状態又は精神状態等について判断する工程を含む方法(MRI検査で得られた画像を見て脳梗塞であると判断する方法等)。

重要

なお、**医療機器や医薬**のような物の発明は、「人間を手術、治療又は診断する方法」に該当せず、特許を受けることができます。

頻出！
第41回実技問18ウ

②業として利用できない発明

個人的にのみ利用される発明や、**学術的・実験的にのみ利用される発明**は、産業上利用することができない発明に該当します。

●補足●
「業として」とは、「事業として」のことを意味します。

③実際上、明らかに実施できない発明

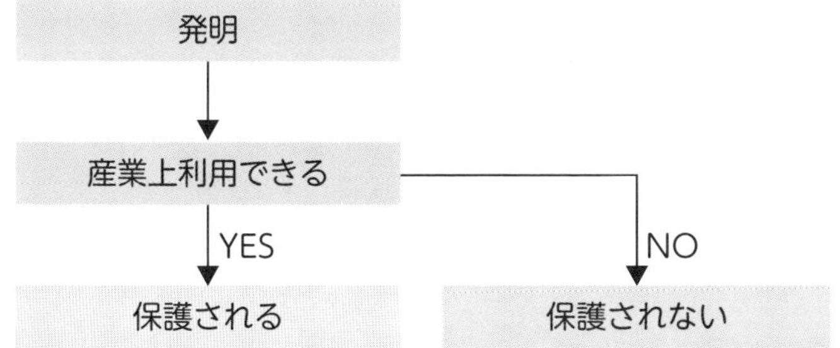

過去問でチェック！

次の記述は正しいか、誤っているか？

□ 産業上利用することができる発明は、工業的に生産することができる必要がある。

解答・解説

正解：×（第39回学科問15改題）
特許法上、工業的に生産することができる必要があるとは規定されていません。

重要度 ★★★★★

3 特許要件②（新規性と進歩性）

「新しい」発明であり、当業者が容易に想到できない発明でなければ、特許法で保護されない。

頻出！
第43回実技問1-6
第42回学科問15
第42回実技問1-4
第41回学科問24ア,イ

1 新規性

新規性とは、特許を受けようとする発明が、これまで世の中になかった新しいものであることです。

重要

ある発明について特許出願をしようとする場合、**その特許出願前に、日本国内又は外国において**、次の３つのいずれかに該当する発明は、**新規性がない**と判断され、特許を受けることができません。

なお、発明が新規性をなくすことを**新規性喪失**といいます。

Point
公然知られた日と特許出願が同日の場合、どちらが先であったかを判断するにあたり、時刻まで考慮されます。

Point
外国で公然知られた発明や外国で頒布された刊行物に記載された発明は、外国語で説明、記載等されていても新規性を喪失します。

重要

①公然知られた発明（公知発明）

不特定の者に秘密でないものとしてその内容が知られた発明は、新規性が失われます。講演、説明会、テレビ放送等を介して知られた発明がこれに該当します。

②公然実施された発明（公用発明）

発明の内容が公然知られる状況、公然知られるおそれのある状況で実施をされた発明は新規性が失われます。

③刊行物等により公知になった発明（文献公知発明）

頒布された刊行物に記載された発明や**電気通信回線（インターネット等）を通じて公衆に利用可能となった発明**は、新規性が失われます。

2 新規性喪失の例外

新規性を喪失した発明は、特許を受けることができませんが、次の２つの発明は、例外として新規性を喪失するに至らなかったとみなされます。これを新規性喪失の例外といいます。

(1)特許を受ける権利を有する者の**意に反して**新規性を喪失した発明

(2)特許を受ける権利を有する者の**行為に起因して**新規性を喪失した発明

「特許を受ける権利を有する者の」とあるように、**他人**の発明については新規性喪失の例外の規定の適用を**受けることができません。**

なお、発明が新規性を喪失するに至った日から**1年以内**に特許出願する必要があります。また、上記(2)の場合には、**特許出願と同時に**この規定の適用を受けたい旨を記載した書面、及びその**特許出願の日から30日以内に**この規定の適用を受けることができる発明であることを証明する書面(証明書)を特許庁長官へ提出する必要があります。

Point
発明等に関する公報(特許公報等)に掲載されたことにより新規性を喪失するに至った発明は、この規定の適用を受けることができません。

3 進歩性

進歩性とは、**その発明の属する技術の分野における通常の知識を有する者**(いわゆる**当業者**)が新規性のない発明に基づいて**容易に**考えだすことができないことです。

進歩性についても、新規性と同様に**特許出願前**にこの要件に該当する発明が、特許を受けることができません。

次の場合等には、進歩性が否定されます。

ⅰ)先行技術の**単なる寄せ集め**

ⅱ)主な引用発明からの**設計変更等**

Point
たとえ新しい技術であったとしても、当業者なら簡単に思いつくような発明は、「産業の発達に寄与する」とはいえないので、特許要件として、新規性とともに進歩性が求められます。

過去問でチェック！

次の記述は正しいか、誤っているか？

□ 単なる設計変更や寄せ集め、最適な材料を選択しただけにすぎない発明について特許出願した場合には、新規性を有しないことを理由に拒絶される。

解答・解説

正解：×（第39回学科問19改題）

新規性ではなく、進歩性を有しないことを理由に拒絶されます。

重要度 ★★★

4 特許要件③（先願主義と不特許事由）

最先の特許出願人のみが、特許を受けられる。

頻出！
第44回学科問14
第43回学科問2
第42回実技問1,2
第41回実技問24ア

1 先願主義

同じ発明について複数の特許出願があった場合に、最も早く出願した人に特許権を与えることを先願主義といいます。これに対して、先に発明した人に特許権を与える先発明主義があります。

我が国では、先願主義が採用されています。先願主義に基づいて、特許出願に係る発明が特許を受けられるかどうかは、以下の通り判断されます。

Point
実用新案登録出願との先後は判断されますが、意匠登録出願との先後は判断されません。

①異なった日の出願の場合

同じ発明について、異なった日に複数の特許出願があった場合、**最も早く出願した人**のみが特許を受けることができます。

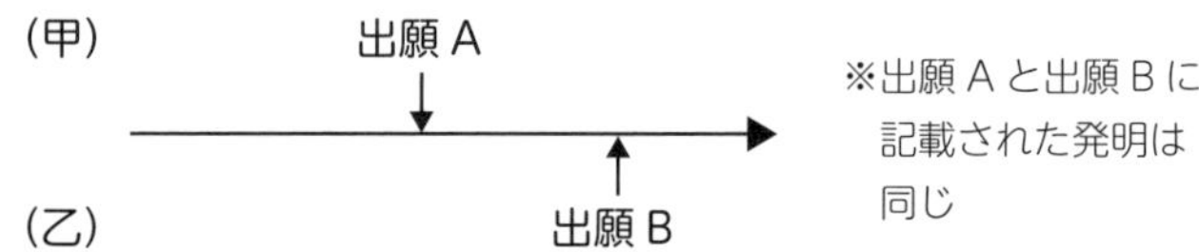

この場合、(甲) のみが特許を受けることができる。

Point
新規性の場合と異なり、出願の先後を決定するために時刻までは考慮されません。また、後述する商標法の場合と異なり、協議が成立しなかった場合等にくじびきにより特許を受けることができる出願人を決定する方式は採用されていません。

重要

②同日出願の場合

同じ発明について、同じ日に複数の特許出願があった場合、**協議して決める**ことになります。

具体的には、**特許庁長官**より協議するように命令が出され、同日出願した出願人同士が協議を行い、その結果を特許庁へ届け出ます。その**協議で定められた一の出願人のみ**が特許を受けることができます。協議が成立しなかった場合や協議ができない場合は、**誰も特許を受けることができません。**

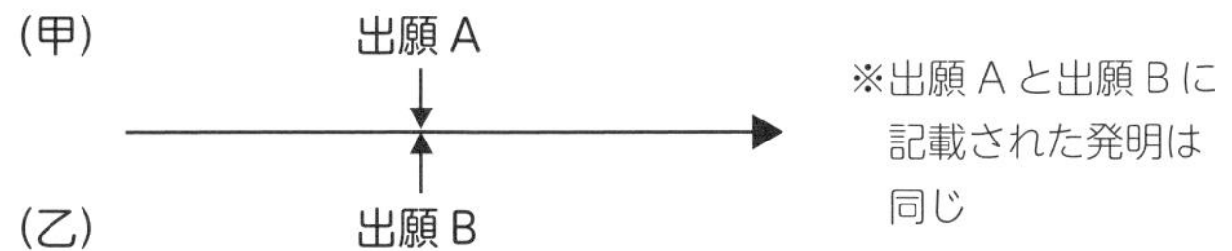

この場合、(甲)と(乙)に協議命令
→協議で定められた方のみが、特許を受けられる。

2 不特許事由

以上の特許要件(産業上利用可能性、新規性、進歩性、先願主義)を満たさない発明の他、公の秩序、善良の風俗、又は公衆の衛生を害するおそれのある発明は、特許を受けることができません。

公の秩序や善良の風俗を害するおそれのある発明には、犯罪に用いることのみを目的とした発明等が該当します。

過去問でチェック！

次の記述は正しいか、誤っているか？

☐ 全く同じ発明について同日に特許出願がされた場合には、特許庁長官から出願人に対して協議をするように命令が出され、協議の結果定められた出願人が特許を受けることができる。ただし、協議が成立しなかった場合は、いずれも特許を受けることができない。

解答・解説

正解：○（第39回実技問5・6改題）

問題文の通りです。

重要度★

5 職務発明

「従業者等」が「使用者等の業務範囲」で、「職務」として行った発明を職務発明という。

1 特許を受ける権利の帰属

特許法上、原則として、発明をした者にその発明についての「特許を受ける権利」が帰属します。つまり、会社において従業者が発明をした場合であっても、従業者が発明者となり、従業者が特許を受ける権利を有します。

なお、**特許を受ける権利は譲渡することができます。**

●補足●
「帰属」とは、権利等が特定の人等のものになることをいいます。

Point
同様に、実用新案登録を受ける権利、意匠登録を受ける権利も譲渡することができます。

2 職務発明

発明をするにあたって、会社側が金銭面等で大きく貢献すること等を考慮して、従業者による一定の要件を満たした発明(「職務発明」といいます)について特許を受けた場合には、会社がその発明を実施する権利を有します。

一方で、従業者の特許を受ける権利は、あらかじめ会社に取得させることを定めることができます。この定めをした場合、特許を受ける権利は、発生したときから会社に帰属します。なおこの場合、従業者は、「相当の金銭その他の経済上の利益」を受ける権利を有します。

Point
従業者がした発明が職務発明に該当する場合であっても、発明者はあくまでその発明をした従業者です。

3 要件

職務発明が成立する要件は次の３つです。

①従業者の発明であること

従業者とは、従業員(会社の取締役等の役員も含む)、国家公務員、地方公務員をいいます。なお、使用者等とは、会社、国、地方公共団体をいいます。

Point
職務発明とは、従業者等が行った発明で、その発明が使用者等の業務範囲に属しており、その発明をするに至った行為が使用者等における従業者等の現在又は過去の職務に属するものをいいます。

②業務範囲に属する発明であること

業務範囲とは、会社が現に行っている、あるいは将来行うことが具体的に予定されている全業務のことです。

③職務に属する発明であること

職務とは、従業者が会社の要求に応じて会社の業務の一部の遂行を担当する責務のことです。

必ずしも発明をすることを職務とする場合に限られませんが、自動車の運転手が自動車の部品について発明したような場合は職務に含まれません。

[従業員による発明の類型]

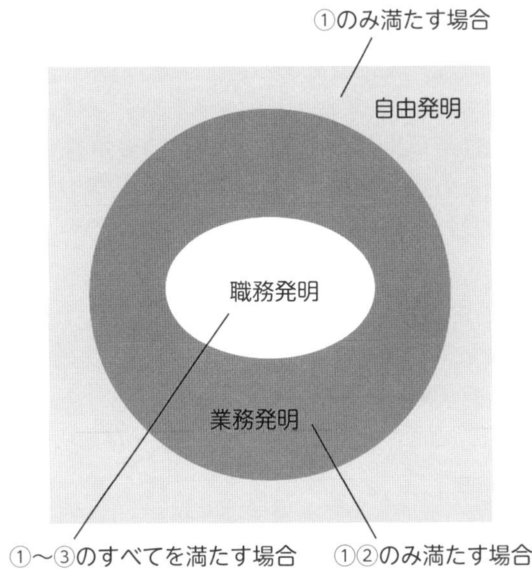

重要度 ★★

6 特許出願

特許出願に際しては、所定の書類を添付した願書を特許庁長官へ提出する。

頻出!
第44回実技問5,6
第43回学科問17ア
第41回学科問1

1 特許出願に必要な書類

特許権を取得するためには、特許庁へ特許出願を行う必要があります。

重要

その際、**願書**を提出しなければならず、願書には、**明細書**、**特許請求の範囲**、**必要な図面**、**要約書**を添付しなければなりません。

Point
出願に必要な書類は次の5つ!
①願書
②明細書
③特許請求の範囲
④図面(任意)
⑤要約書

Point
発明の詳細な説明は、経済産業省令で定めるところにより、その発明の属する技術の分野における通常の知識を有する者が実施することができる程度に明確かつ十分に記載する必要があります。

2 各書類の概要

①願書

特許権の付与を求める意思表示のための書類です。

特許出願人の氏名又は名称、発明者の氏名、及び両者の住所等を記載します。

②明細書

出願に係る技術の内容を開示する機能、及び出願日を確保する機能を有する書類です。

発明の名称、図面の簡単な説明、発明の詳細な説明を記載します。

③特許請求の範囲

審査を経て権利範囲を確定させる機能を有する書類です。

請求項ごとに特許出願人が特許を受けようとする発明を特定するために必要と認める事項のすべてを記載します。

④必要な図面

発明の内容を図で表した書類です。「必要な」とある通り、図面が必要ない場合には、添付しなくてもかまいません。

⑤要約書

発明の概要を平易かつ簡潔、明瞭に記載します。

3 特許出願から権利化までの流れ

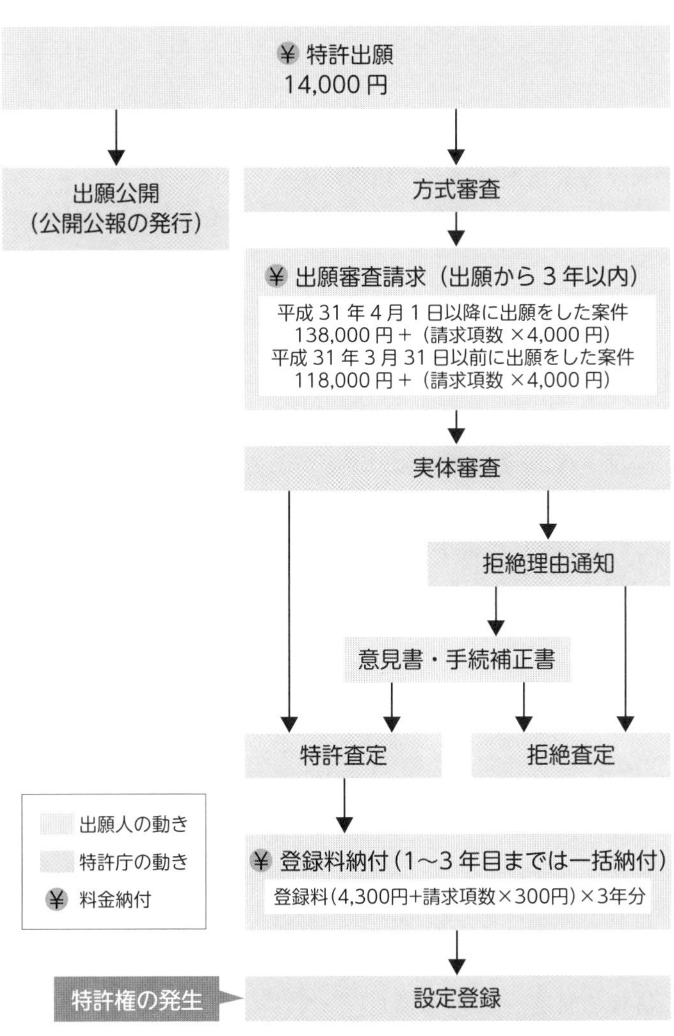

出典：特許庁ウェブサイト

Point
特許出願から権利化までの流れをざっと把握しましょう。

①方式審査

必要書類を提出して特許出願を行うと、特許庁では書類に不備等がないかといった審査(方式審査)が行われます。この審査は、発明の内容まで審査するものではありません。

②出願公開

特許出願から1年6カ月が経過すると出願公開が行われ、特許出願の内容が公開されます(詳しくは「7 出願公開と出願審査請求」参照)。

③実体審査(出願審査の請求)

特許出願の日から**3年**以内に出願審査の請求を行うことで、特許出願の内容が審査されます。(詳しくは「7 出願公開と出願審査請求」参照)。

④拒絶理由通知

実体審査において拒絶理由が発見されると、拒絶理由通知書が送付され、その拒絶理由に不服があるときは所定の書類を提出して、反論等をすることができます。

これらの対応により拒絶理由が解消した特許出願には、特許査定がされます。拒絶理由が解消しない特許出願には、拒絶査定がされます。拒絶査定に不服がある場合は、拒絶査定不服審判を請求できます(詳しくは「8 審査(拒絶理由通知と特許査定、拒絶査定)」参照)。

⑤特許査定

実体審査において、すべての特許要件を満たしていると判断された特許出願には、特許査定がされます。

特許査定がされたら、**所定の特許料**を納付することで特許権の**設定登録**がされ、それにより特許権が発生します(詳しくは「9 特許権の発生と管理」参照)。

[特許出願に必要な書類]

願書	明細書	特許請求の範囲	図面（任意） / 要約書
・出願人の氏名又は名称と住所等 ・発明者の氏名と住所等	・発明の名称 ・図面の簡単な説明 ・発明の詳細な説明	・特許出願人が特許を受けようとする発明を特定するために必要と認める事項のすべて	図面（任意）：・発明の図解 要約書：・発明の概要

明確かつ十分に記載する

過去問でチェック！

次の記述は正しいか、誤っているか？

□ 特許出願の明細書には、発明の名称、発明の詳細な説明、特許請求の範囲を記載しなければならない。

解答・解説

正解：×（第38回学科問2改題）

正しくは、発明の名称、図面の簡単な説明、発明の詳細な説明です。

重要度 ★★★★★

7 出願公開と出願審査請求

出願公開の請求は特許出願人のみが行うことができ、出願審査の請求は何人も行うことができる。

1 出願公開

「6 特許出願」で説明した通り、特許出願を行うと、原則、その**出願日から1年6カ月**経過後に、特許出願の内容が公開されます。

出願段階で発明の内容を公開することで、第三者による重複研究、重複投資、重複出願を防止することができます。

この公開時期は、**特許出願人による出願公開の請求**によって、早めることができます。ただし、この出願公開の請求は、**取り下げることができません。**

Point
特許権は新しい発明を公開することの代償として与えられます。

Point
後述する出願審査請求との、請求することができる者の違いに注意しましょう。

頻出!
第44回学科問9
第44回実技問27
第43回学科問30
第43回実技問27
第42回学科問24
第41回学科問15

2 出願審査請求

特許権を得るためには、実体審査を受けなければなりません。**実体審査を受けるためには、特許庁長官に出願審査請求をする必要があります。**

重要

何人も請求することができます。つまり、出願人はもちろん、**出願人以外の人**でも請求できます。

特許出願の日から3年以内に行わなければなりません。この期間内に請求がなかった場合には、**特許出願は取り下げたものとみなされます。**

なお、出願審査請求は、**取り下げることができません。**

Point
共同出願の場合であっても、いずれかの出願人が単独で請求することができます。なお、共同出願とは、複数の者が特許を受ける権利を共有する場合に、他の共有者と共同で出願することをいいます。

[出願公開と出願審査請求の時期]

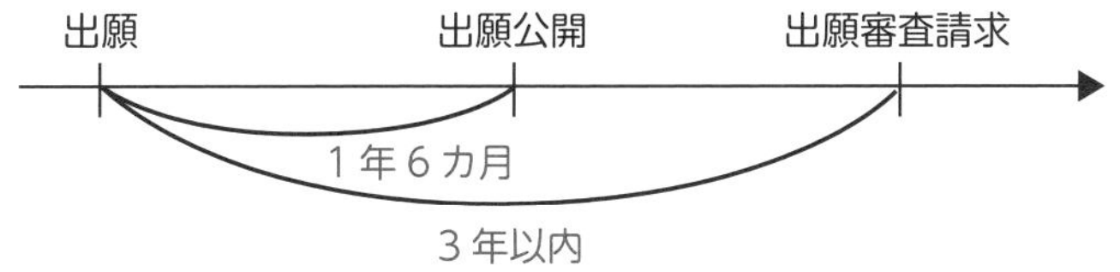

Point
出願審査請求は、出願と同時に請求することもできます。

3 優先審査制度、早期審査制度

①優先審査制度

優先審査制度は、特許出願が公開され、その特許出願に係る発明が他人に実施されていて、緊急に審査をする必要がある場合に利用できる制度です。

②早期審査制度

早期審査制度はすでに実施している発明に関する出願であったり、国外の特許出願と関連する出願である場合等に利用できる制度です。

過去問でチェック！

次の記述は正しいか、誤っているか？

1. 何人も出願公開の請求をすることができる。
2. 特許出願が共同に係る場合、他の出願人の同意なしに出願審査請求をすることができる。

解答・解説

正解：1× （第40回学科問21改題）、2○ （第39回学科問25改題）

1. 出願公開の請求をすることができるのは、特許出願人のみです。
2. 出願審査請求は、何人もすることができます。つまり、共同出願の場合であっても、各出願人が単独で請求することができます。

重要度 ★★★

8 審査(拒絶理由通知と特許査定、拒絶査定)

拒絶理由通知に対しては、意見書、手続補正書等を提出できる。また、拒絶査定に対しては、拒絶査定不服審判の請求ができる。

1 拒絶理由通知

拒絶理由通知とは、**特許出願が特許要件を満たしていない**ときに、出願人に通知される審査結果の報告書です。

2 拒絶理由通知への対応

拒絶理由通知に対しては、次の対応をとることができます。

①意見書の提出

拒絶理由通知に記載された拒絶理由に納得がいかない場合、反論等を行うための書類(**意見書**)を提出します。

審査官の判断に対して反論したい場合や、後述する補正によって拒絶理由が解消したことを主張したい場合に提出します。

Point
意見書の提出と手続補正書の提出は、それぞれ単独で行うことも、併せて行うこともできます。

Point
意見書による主張を実験的に裏付ける実験成績証明書も提出できます。

②手続補正書の提出

拒絶理由を解消するために、手続補正書を提出して**出願内容を補正**することができます。補正を行う場合には、**出願したときに提出した明細書等に記載されていない事項を追加等することはできない**等、一定の条件があります。

③分割出願

補正をすることができる時、又は期間内に分割出願を行うこともできます。

④出願の変更

特許出願を実用新案登録出願、又は意匠登録出願に変更することができます。

Point
出願の変更が可能なのは、特許出願、実用新案登録出願、意匠登録出願の間であり、これらの出願と商標登録出願との間で変更することはできません。

3 特許査定

特許出願について拒絶の理由が発見されないときは、**特許査定**がされます。

Point
拒絶理由通知を受けたとしても、拒絶理由が解消すれば、特許査定となります。

4 拒絶査定

拒絶理由通知を受け、拒絶理由が解消しなかった特許出願には、拒絶査定がされます。拒絶査定に対しては、次のような対応ができます。

①拒絶査定不服審判の請求

拒絶査定に不服があるときには、**拒絶査定の謄本の送達日から3カ月以内**に、**特許庁**に対して拒絶査定不服審判を請求することができます。

②手続補正書の提出

拒絶査定不服審判の請求と**同時**に、手続補正書を提出して出願内容の補正を行うことができます。なお、拒絶査定不服審判を請求せずに、補正のみを行うことはできません。

③分割出願

拒絶をすべき旨の最初の査定の謄本の送達日から3カ月以内に、分割出願を行うこともできます。

Point
拒絶査定不服審判の請求時期と重複しているため、両手続を同時にすることもできます。

過去問でチェック！

次の記述は正しいか、誤っているか？

□ 1. 審査官から拒絶理由が通知された場合、その審査官とは異なる審査官による再審査を求める再審査請求書を提出することができる。

□ 2. 拒絶査定不服審判の請求と同時に拒絶審決に対する訴えを提起することができる。

解答・解説

正解：1×（第39回実技問14改題）、2×（第38回学科問9改題）

1. 特許法上、このような規定はありません。
2. 拒絶審決に対する訴えは、拒絶査定不服審判の審決に対してなお不服があるときに提起するものなので、拒絶査定不服審判の請求と同時に行うことはできません。

重要度 ★★★★

9 特許権の発生と管理

特許権は設定登録により発生し、特許出願の日から20年間存続する。

1 特許権の発生

重要

特許査定の謄本の送達後、所定の**特許料**を支払い、**設定登録**されることによって、特許権が発生します。

設定登録後に、その特許権に係る権利者の氏名や明細書等が掲載された公報(特許掲載公報)が発行されます。

Point
以下の流れで権利が発生するのは、特許法、意匠法、商標法で共通です。
特許(登録)査定の謄本の送達→所定の特許(登録)料納付→設定登録

2 特許料

特許権の設定登録を受けるためには、特許査定の謄本の送達があった日から**30日以内に1～3年分**の特許料を一時に納付しなければなりません。**4年目**以降の各年分の特許料は、**前年以前**に支払います。4年目以降の特許料については、納付期限が経過してしまっても、**6カ月**以内であれば、特許料と割増特許料を支払うことにより、**追納**することが可能です。

Point
例えば、請求項の数が3の特許出願について設定登録を受けるために納付すべき特許料は以下の通り計算します(「6 特許出願」参照)。
(4,300円＋請求項数3×300円)×3年分=15,600円

3 特許に瑕疵がある場合

特許権が設定登録された後、特許に新規性や進歩性がない等の瑕疵がある場合には、次の2つの手段によって、その特許権を消滅させることができます。

Point
特許法には商標法のような取消審判制度はありません。

①特許異議の申立て

何人も、特許掲載公報の発行の日から6カ月以内に、特許異議の申立てをすることができます。特許異議申立ては**誰でも**行うことができ、取消決定が確定したときは、特許権は初めから存在しなかったものとみなされます。

②特許無効審判の請求

特許無効審判は、いつでも請求可能です。

重要

特許異議の申立てと異なり**利害関係人のみ**が特許無効審判の請求をすることができます。

●補足●
利害関係人とは、特許権等の存在によって法律の利益や、その権利に対する法律的地位に直接の影響を受けるか、又は受ける可能性のある者のことをいいます。

無効審決が確定したときは、特許異議の申立てと同様、特許権は初めから存在しなかったものとみなされます。

4 特許権の存続期間

重要

特許権の存続期間は**特許出願の日から20年間**です。

しかし、一定の場合(期間補償のための延長、又は医薬品等に係る延長が必要な場合)、延長登録出願によって存続期間が最長5年延長されることがあります。

Point
4年目以降の各年分の特許料の納付を行わなかった場合は、存続期間の途中であっても特許権は消滅します。

頻出！
第43回学科問7ア
第42回実技問27
第41回実技問27

[特許権の発生]

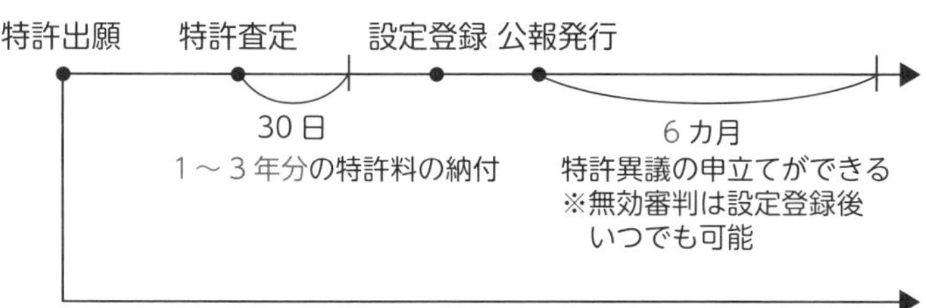

Point
存続期間の満了後は、延長登録出願をすることができません。

過去問でチェック！

次の記述は正しいか、誤っているか？

特許異議の申立ては、特許権の設定登録前に行うことができる。

解答・解説

正解：×（第39回学科問17改題）

特許異議の申立ては、特許権の設定登録後における特許掲載公報の発行の日から所定期間に限り行うことができます。

重要度 ★★★★

10 特許権の効力

特許権を取得すると、特許権者は原則、特許発明を業として独占的に実施できる。

1 特許権の効力

特許権者は、その特許発明を、業として**独占的に実施**できます。

「実施」とは、物の発明の場合、その物の**生産**、使用、**譲渡**等、**輸出**・輸入又は譲渡等の申し出をすることです。

方法の発明の場合は、その方法を使用することをいいます。

生産方法の発明の場合は、その方法で物を生産すること、**その方法で生産した物**の使用、譲渡等、輸出・輸入又は譲渡等の申し出をすることをいいます。

Point
特許権の効力は、特許発明を実施している地域だけでなく、日本全体に及びます。

Point
発明の種類によって、「実施」の内容が異なります。そのため、例えばある物について特許出願をしていたとしても、その物の製造方法を保護したいのであれば、その物の製造方法についても特許出願をする必要があります。

2 権利の範囲

特許権の効力は、特許発明の**技術的範囲**内に及びます。特許発明の技術的範囲は、**特許請求の範囲**に基づいて定められます。したがって、明細書や図面にのみ記載されている発明については、特許権の効力が及びません。

●補足●
特許発明の技術的範囲とは、特許権の効力が及ぶ客観的範囲として一般に理解されている概念をいいます。

3 特許権の効力が及ばない範囲

特許権を有していても、次の場合等には特許権の効力が及びません。

①試験又は研究のためにする実施

試験又は研究のための実施には、特許権の効力が及びません。技術の累積的進歩のためには、試験や研究が必要だからです。

②業としての実施でない場合

特許権の効力は、業としての実施に及ぶため、個人的又は家庭的な実施には効力が及びません。

③専用実施権を設定した場合

特許権について専用実施権を設定したときは、**専用実施権者がその特許発明を実施する権利を専有する範囲**については、特許権の効力は及びません(「専用実施権」については、「11 特許権の実施権」参照)。

[特許権の効力]

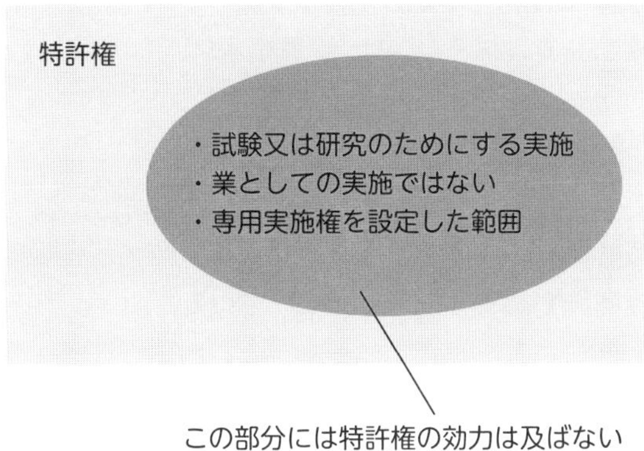

過去問でチェック!

次の記述は正しいか、誤っているか？

試験又は研究のために、特許権者の同意なしに、特許発明を業として実施することができる。

解答・解説

正解：◯（第39回学科問25改題）

特許権の効力は、試験又は研究のためにする特許発明の実施には及びません。

重要度 ★★★★★

11 特許権の実施権

特許について、自ら実施するだけでなく、第三者の実施を認めることができる。

Point
「重要」とした箇所については、意匠法、商標法においても頻出です。しっかり覚えましょう！

1 特許権の譲渡

特許権は、**譲渡することができます。**

特許権が共有に係るときは、特許権者は、他の特許権者(共有者)の同意がなければ、その持分を譲渡することができません。

2 実施権

特許権者は、特許発明を自ら実施するだけでなく、第三者に特許発明の実施を認めることができます。このように第三者が特許発明を実施することができる権利のことを、実施権(ライセンス)といいます。**内容・地域・期間を限定してライセンスすることができます。**

実施権には、大きく分けて**専用実施権**と**通常実施権**があります。

頻出！
第44回学科問23ウ
第43回学科問23ア

重要

特許権が共有に係るときは、特許権者は、他の特許権者(共有者)の**同意**がなければ**専用実施権の設定や通常実施権の許諾はできません。**

3 専用実施権

専用実施権とは、特許発明を**独占的に**実施できる権利です。したがって、専用実施権を設定した範囲内においては、**特許権者であってもその特許発明を実施できません。**

専用実施権の設定を受けた者を、専用実施権者といいます。

専用実施権は、**特許庁に登録することでその効力が発生**します。

4 通常実施権

重要

通常実施権とは、特許発明を実施できる権利です。通常実施権は、特許権や専用実施権と異なり独占排他的な権利ではありません。そのため、**複数人に同一範囲で許諾することができます**。

頻出！
第44回学科問23ア
第43回学科問23ウ

①許諾による通常実施権

重要

通常実施権は、当事者間の契約のみで権利の効力が発生するため、**登録は不要**です。

頻出！
第44回実技問14ア,イ
第42回実技問25ア

なお、通常実施権を設定する際に、**第三者には実施権を許諾しない**旨の特約をつけることもでき、このような特約がされた通常実施権を**独占的通常実施権**といいます。

②法定通常実施権

通常実施権は、特許法上の規定に基づくものもあります。

「5 職務発明」で説明した通り、職務発明について特許権が設定登録された場合には、会社には通常実施権が認められます。

特許出願に係る発明の内容を**知らずに**、その**特許出願**の際にその発明を**実施**等していたものは、その実施等をしている発明及び事業の目的の範囲内で、通常実施権（これを「先使用権」といいます）を有します。

Point
特許出願前に、その特許発明を知らずに、その発明の「実施」をしていた場合だけでなく、「実施の準備」をしていた場合は、その準備をしていた者に通常実施権が発生します。

過去問でチェック！

次の記述は正しいか、誤っているか？

□ ある特許権について、X社に通常実施権を許諾した後に、さらにY社に対してX社の同意なく通常実施権を許諾することができる。

解答・解説

正解：○（第39回実技問13改題）

特許権者は、複数の者に重複した範囲で通常実施権を許諾することができます。また、特許権者が通常実施権を許諾する場合に、他の通常実施権の同意は必要ありません。

重要度 ★★★★

12 特許権の侵害への対応（権利者の対応）

特許権が侵害された場合には、差止請求等ができる。

条文でCheck!
〔特許法68条〕
特許権者は、業として特許発明の実施をする権利を専有する。

1 特許権の侵害

権原のない第三者が、業として、特許発明を実施（「実施」については「10 特許権の効力」参照）することを、特許権の侵害といいます。

つまり、何ら特許発明について法律上の権利を有していない第三者が、業として特許発明に係る製品を生産、及び販売等すると、特許権の侵害となります。

Point
侵害への対応は、意匠法、商標法でも基本的に同じです。

2 特許権が侵害された場合に取りうる対応

①特許の有効性の確認

特許権が侵害された場合には、まず、その特許に無効理由等の瑕疵がないかを確認します。仮に、特許に瑕疵がある場合、権利行使が制限されるか、特許無効審判等により権利が消滅して権利行使ができなくなるためです。特許が有効であることを確認したら次のような対応ができます。

②警告書の送付

特許権者又は専用実施権者（以下、特許権者等）は、特許権又は専用実施権（以下、特許権等）の侵害を見つけた場合、その旨を通知する警告書を侵害者に送ります。警告の結果、**侵害行為の抑制**や、**ライセンス交渉**へとつながることがあります。

重要

特許権者等は権利行使をする際に、必ず警告をしなければならないというわけではありません。

③民事上の請求（権利行使）

ⅰ)差止請求

特許権者等は、侵害行為を止めない侵害者に対して、特許発明の実施を止めるように請求することができます。

ⅱ)損害賠償請求

特許権者等は、故意又は過失によって特許権等を侵害した者に対して、特許権等の侵害によって被った損害を賠償するように請求することができます。

ⅲ)不当利得返還請求

特許権者等は、特許権等を侵害した者に対して、特許権等の侵害によって侵害者が法律上の原因なく不当に得た利益を、侵害により得た利益の存する限度において、返還するよう求めることができます。

ⅳ)信用回復措置請求

特許権者等は故意又は過失により特許権等を侵害したことによって、特許権者等の業務上の信用を傷つけた者に対して、謝罪広告を求める等、業務上の信用回復のために必要な措置を請求することができます。

Point
差止請求とあわせて、侵害の行為を組成した物の廃棄や侵害の行為に供した設備の除却も請求できます。

Point
以上の権利行使は、特許権の設定登録より直ちに可能となります。

④刑事罰の請求

特許権等を侵害した者には、10年以下の**懲役**若しくは1,000万円以下の**罰金**が科されます。場合によっては、これらが**併科**されます。

従業員が、会社の業務に関し、所定の違反行為をしたときは、**従業員だけでなく会社に対しても**罰金刑が科されます。これを「両罰規定」といいます。

過去問でチェック！

次の記述は正しいか、誤っているか？

□ 特許権者は、警告をしなければ権利行使をすることができない。

解答・解説

答え：×（第38回学科問15改題）
必ずしも警告をする必要はありません。なお、警告をして、侵害行為を抑制することもあります。

重要度 ★★

13 特許権侵害の警告を受けた場合の対応

警告を受けた場合は、次の３点を確認する。
ｉ)特許原簿
ii)侵害の成否
iii)特許の瑕疵の有無

1 警告を受けた場合の対応

特許権の侵害である旨の警告を受けた場合には、次の3点を確認することが必要です。

①特許原簿

まず、特許庁に備えられる特許原簿を確認して、有効に**特許権が存在しているか**、**権利者は誰か**等を確認します。特許権が存在していなければ、特許権の侵害には該当しません。また、権利者が警告をした者でなければ、少なくとも警告をした者の特許権の侵害には該当しません。侵害に該当しない場合には、その旨を回答します(否認)。

②侵害に該当するか

特許権の侵害行為(権原なく、業として、特許発明を実施している)に該当するかを確認します。

ｉ)実施権等の権原があるか

ライセンス契約に基づく実施権だけではなく、法定通常実施権(「11 特許権の実施権」参照)の有無を検討します。

ii)特許発明の実施に該当するか

特許請求の範囲に記載された技術的範囲に属する発明の実施(「実施」については「10 特許権の効力」参照)をしているかを検討します。

③特許に瑕疵があるか

特許に異議理由又は無効理由がある場合は、特許異議の申立て又は無効審判を請求することで、特許権を消滅させることができます。

例えば、審査の過程では見過ごされていたものの、実は特許を受けた発明が、新規性や進歩性等の特許要件に違反していた場合には、異議理由又は無効理由に該当します。

Point
特許に無効理由等がない場合は、特許権についてライセンスを交渉したり、特許に係る発明の実施の中止、又は設計変更等を行います。

[特許権侵害の警告を受けた場合の対応]

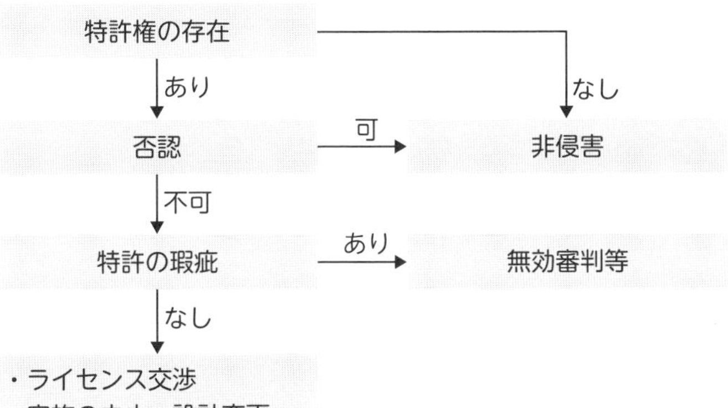

過去問でチェック！

次の記述は正しいか、誤っているか？

X社による製品Aの販売が、Y社の特許権Pを侵害している場合であって、製品Aの発売日が特許権Pに係る特許出願の出願日前であるとき、Y社はX社に対して、特許権Pに基づいて権利行使をすることはできない。

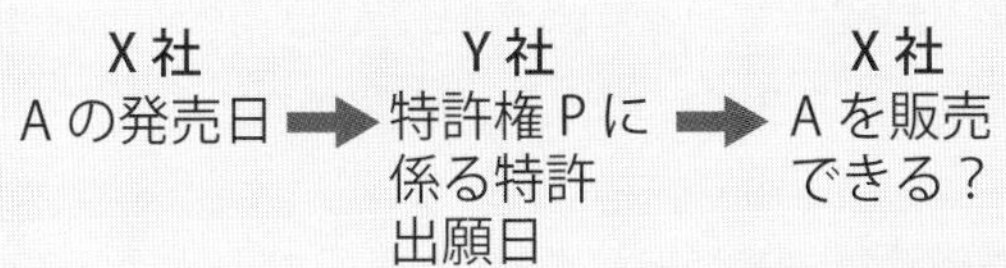

解答・解説

答え：○（第39回実技問16改題）
製品Aの販売により、X社は先使用権（実施をする権利）を有する可能性があり、この場合、Y社は権利行使できません。

重要度 ★

14 国内優先権

改良発明は、一定の要件を満たせば、基礎とした発明とともにまとめた内容で出願できる。

1 国内優先権

国内優先権とは、ある発明について特許出願をした後に、その改良発明が完成した場合、先の発明と改良発明をまとめた内容で出願できる制度です。

なお、重複審査の回避等の点から、先の出願は一定期間を経過した後、取り下げたものとみなされます。

①国内優先権を主張するメリット

改良発明が実体審査される判断基準日が、先の出願の日となります。

②時期的要件

国内優先権の主張を伴う特許出願は、**先**の出願日から**1年以内**に行わなければなりません。

③出願公開

先の出願日から1年6カ月経過したときに、出願公開されます。

④出願審査請求

後の出願日から3年以内に行う必要があります。

⑤特許権の存続期間

後の出願日から20年となります。

2 パリ条約上の優先権

詳しくは第4章で説明しますが、優先権制度は、パリ条約においても定められています。

同盟国に出願する場合、一定の要件を満たせば、すでに行った先の出願と同じように取り扱われます。つまり、後の出願が、先の出願から優先期間内（特許出願の場合は12カ月以内）に行われた場合、その期間内に行われた他の発明の公表や実施等によって不利な取扱いを受けないということです。

［国内優先権制度の概略図］

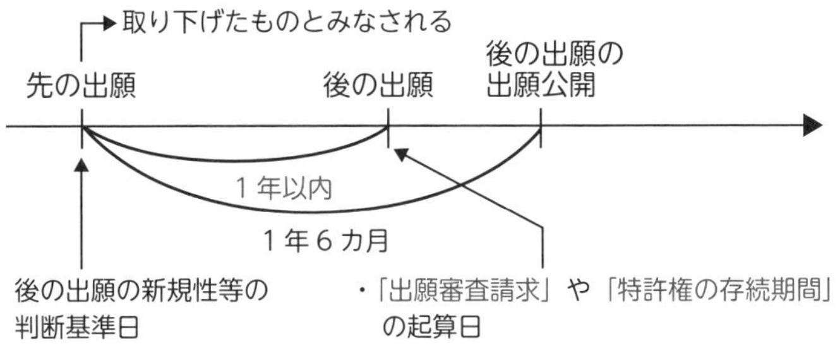

過去問でチェック！

次の記述は正しいか、誤っているか？

□ 国内優先権の主張を伴う特許出願は、先の特許出願の出願日から1年以内に出願しなければならない。

解答・解説

正解：○（第39回学科問22改題）
問題文の通りです。

重要度 ★★

15 実用新案法と特許法

実用新案法の保護対象は、「考案」（小発明）であり、権利の存続期間は出願日から10年間である。

1 実用新案法

実用新案法は、発明より比較的技術水準の低い日用品等の**考案（いわゆる小発明）**を保護するための法律です。

考案とは、自然法則を利用した技術的思想の創作です。発明と異なり、「高度」でなくてかまいません。

Point
特許法と実用新案法の違いに注意して覚えましょう！

2 特許法と実用新案法の相違点

特許法と実用新案法は類似する点が多いですが、以下の通り、相違点があります。

①保護対象

特許法：発明（物、方法）

実用新案法：**考案（物品の形状、構造又は組合せ）**

②審査方法

特許法：方式審査と実体審査

実用新案法：方式審査のみ

実用新案法は、**実体審査なし**で登録されます。

実用新案登録出願をすると方式及び基礎的要件に不備がなければそのまま登録されます。

なお、実用新案登録出願では、図面は必ず提出する必要があります。

実用新案登録出願は実体審査（新規性や進歩性の審査）がないため、権利に瑕疵がある可能性があります。

そのため、**実用新案技術評価書**を相手方（侵害者）に提示して警告してからでないと、実用新案権に基づく権利行使ができません。

●補足●
「実用新案技術評価書」とは、設定登録された実用新案権の有効性についての客観的な判断材料となる書類のことをいいます。なお、技術評価に関しては実用新案法に特有の規定です。

③権利の存続期間

重要

特許法：出願から20年（延長あり）

実用新案法：**出願から10年**

[特許法と実用新案法の相違点]

	特許法	実用新案法
保護対象	発明	**考案**
審査	方式審査＋実体審査	方式審査のみ
権利の存続期間	原則出願から20年	**出願から10年**

過去問でチェック！

次の記述は正しいか、誤っているか？

□ 2019年12月10日に実用新案登録出願をし、2020年3月10日に実用新案登録を受けた場合、実用新案権の存続期間の満了日が属する年月は2030年3月である。

解答・解説

正解：×（第38回実技問27改題）

実用新案権の存続期間は、実用新案登録出願の日から10年です。

<テキスト編>

第2章

意匠法

意匠法は、視覚を通じて美感を起こさせる物品の形状等、建築物の形状等又は特定の画像である意匠の保護及び利用を図ることにより、意匠の創作を奨励し、もって産業の発達に寄与することを目的としています。

重要度 ★★★

1 意匠法と意匠

意匠法上の意匠に該当するものが、意匠権によって保護される。

1 意匠法の目的

「意匠の保護及び利用を図ることにより、意匠の創作を奨励し、もって産業の発達に寄与すること」が意匠法の目的です。

2 意匠

頻出!
第44回実技問13
第43回学科問5イ,ウ
第43回学科問20ウ
第43回実技問16
第42回実技問24ア,ウ

意匠法の保護対象は、意匠です。

意匠とは、物品等の美的外観をいいます。

意匠法上、**物品**の形状等、**建築物**の形状等、特定の**画像**であって、視覚を通じて美感を起こさせるものが、意匠として保護されます。なお、「形状等」とは、形状、模様若しくは色彩又はこれらの結合のことをいいます。

①物品、建築物又は画像

Point
デザイン自体は物品に該当しないため、意匠法の保護対象ではありません。

i）物品

「物品」とは、有体物のうち、市場で流通する動産です。動産とは土地及びその定着物以外のものです。

無体物（電気、光、熱等）、**気体・液体等の固体以外のもの**、**粉状物・粒状物**は**意匠に該当しません**。例えば、小麦粉は「粉状物」に該当するため意匠法上の物品ではないので、意匠権によって保護されません。ただし、粉状物・粒状物を固めた角砂糖のようなものであれば、意匠に該当します。

Point
動産として取引されるもの（庭園灯等）は建築物には該当しません。

ii）建築物

「建築物」とは、土地の定着物であり、かつ、人工構造物であるものをいいます。

iii）画像

画像を表示する物品や建築物を特定することなく表された画像それ自体も保護対象です。但し、意匠法上で保護される画像は、機器の操作の用に供される画像（操作画像）、又は機器がその機能を発揮した結果として表示される画像（表示画像）に限られます。

Point
映画等のコンテンツを表した画像は、保護対象となりません。

②視覚に訴える

肉眼で認識できないもの、例えば、機械の内部構造のように外から見えないもの等は意匠に該当しません。

③美感を起こさせる

何らかの美感を起こすものであれば足り、美術品のような**高尚な美は求められません。**

過去問でチェック！

次の記述は正しいか、誤っているか？

猫の顔が描かれたTシャツは、意匠法上の保護対象として適切である。

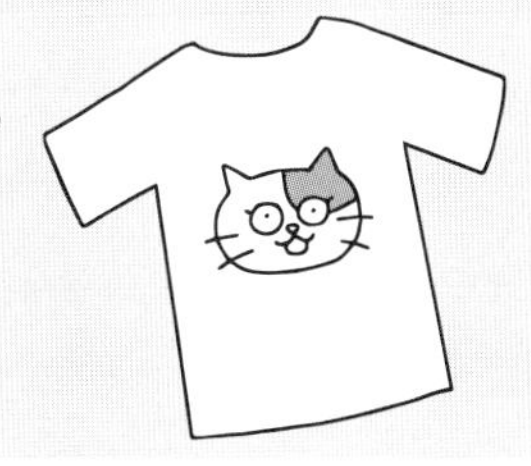

解答・解説

正解：○（第40回実技問26改題）

物品の形状であって、視覚を通じて美感を起こさせるものに該当します。

2 意匠登録要件

公知意匠等及びこれに類似する意匠は登録を受けられない。

1 意匠登録要件

意匠権を得るための登録要件は、次の通りです。

Point
自然石をそのまま使用した置物も、意匠登録を受けることができません。

①工業上利用可能性

工業的に**量産**できる意匠であることが必要です。例えば、**純粋美術の分野に属する著作物**はこの要件を満たさず、意匠登録を受けることができません。

②新規性

特許法と同様に、出願に係る意匠には新規性が求められます。新規性がない意匠は次の３つです。

ｉ)意匠登録出願前に日本国内又は外国において、**公然知られた意匠**

ⅱ)意匠登録出願前に日本国内又は外国において、**頒布された刊行物に記載された意匠**、又は**電気通信回線を通じて公衆に利用可能となった意匠**

頻出！
第44回学科問12ウ
第42回学科問4イ

重要
ⅲ)上記２つの意匠に**類似**する意匠

また、特許法と同様に、**意匠の新規性喪失の例外について規定されています**。

③創作非容易性

出願前に、公知等となった形状等又は画像に基づいて、当業者が容易に創作できる意匠は、意匠登録を受けることができません。

> **Point**
> 創作非容易性を満たさない意匠の例は、次の通りです。
> ①置き換え
> ②寄せ集め
> ③一部の構成の単なる削除
> ④配置の変更
> ⑤構成比率の変更
> ⑥連続する単位の数の増減
> ⑦物品等の枠を超えた構成の利用・転用

2 不登録事由

新規性等の登録要件を満たしていても意匠登録を受けることができない意匠があります。そのような意匠としては次の3つがあります。

①公の秩序又は善良の風俗を害するおそれのある意匠

②他人の業務に係る物品、建築物又は画像と**混同を生ずるおそれがある**意匠

③**物品の機能を確保するために不可欠な**形状若しくは建築物の用途にとって不可欠な形状のみからなる意匠又は画像の用途にとって不可欠な表示のみからなる意匠

3 先願主義

特許法と同様に、意匠法も先願主義を採用しています。先願意匠と同一の意匠だけでなく、**類似**の意匠も意匠登録を受けることができません。

過去問でチェック！

次の記述は正しいか、誤っているか？

□ 意匠登録出願に係る意匠が、意匠登録出願前に頒布された雑誌に掲載された意匠と類似する場合には、当業者が容易に創作することができた意匠であるとして拒絶される。

解答・解説

正解：×（第39回実技問19改題）

創作非容易性ではなく、新規性がないとして拒絶されます。

重要度 ★★★★

3 意匠登録出願

特許法と異なり、意匠法では出願公開制度、出願審査請求制度はない。部分意匠、動的意匠、組物の意匠、内装の意匠、関連意匠、秘密意匠がある。

1 意匠登録出願

①意匠登録出願に必要な書類

意匠登録出願を行う際には、**願書**に意匠を記載した**図面**(必須)を添付して特許庁長官に提出します。図面に代えて、**写真**、**ひな形**、**見本**を提出することもできます。

願書には、意匠登録出願人の氏名又は名称、創作者の氏名、及び両者の住所等、並びに意匠に係る物品又は意匠に係る建築物若しくは画像の用途を記載します。

②出願

条文でCheck!
[意匠法7条]
意匠登録出願は、経済産業省令で定めるところにより、意匠ごとにしなければならない。

従来は1つの意匠について1つの意匠登録出願を行う必要がありましたが、令和元年の意匠法改正により、1つの手続で複数の意匠登録出願を行うことができるようになりました(複数意匠一括出願)。これに伴い、従来の意匠法7条は、「経済産業省令で**定める物品の区分により**」と規定されていましたが、「経済産業省令で**定めるところにより**」との規定になりました。

③公開

意匠は登録された後に、意匠公報によってその内容が公開されます。

重要

特許法のように、出願段階で意匠を公開する**出願公開制度はありません。**

2 特殊な意匠登録出願

重要

①部分意匠

物品の部分について意匠登録を受けることができます。例えば、自転車のハンドル部分に特徴があれば、この部分のみに意匠登録を受けることができます。この物品の部分は、**独立して取引の対象であることは要求されません。**

②動的意匠

物品の形状等がその物品の機能に基づいて変化する場合において、**変化の前後にわたる物品の形状等**について１つの願書で意匠登録出願をすることができます。

例えば、自在の動きをする玩具用ロボットについて、動的意匠として出願することができます。

③組物の意匠

組物を構成する物品等に係る意匠は、**組物全体として統一**があれば、複数の物品であっても１つの意匠として出願をし、登録を受けることができます。組物の意匠として出願できる物品等は、**経済産業省令で定められています。**

例えば、一組のコーヒーセットは経済産業省令で定められており、同じ模様を有している等、組物全体として統一がある場合、組物の意匠として出願をすることができます。

④内装の意匠

内装を構成する物品等に係る意匠は、**内装全体**として統一的な美感を起こさせるときは、１つの意匠として出願をし、意匠登録を受けることができます。

⑤関連意匠

本意匠となる意匠を定めて、その本意匠に類似する意匠を関連意匠として登録できます。

Point

独創的で特徴のある部分を取り入れつつ、意匠全体としては侵害を回避する巧妙な模倣を防止するために、部分意匠が認められています。

頻出！

<部分意匠>
第44回学科問4ウ
第44回実技問26ウ
第42回実技問21ア
<動的意匠>
第44回実技問26イ
第41回実技問21ア
<組物の意匠>
第41回学科問28イ
第41回実技問21イ
<内装の意匠>
第43回学科問5ア
第41回学科問28ウ
第41回実技問21ウ

頻出！
第44回実技問26ア
第43回学科問12ウ
第41回実技問26イ

Point
意匠登録出願人又は意匠権者は、秘密期間を延長や短縮することができます。

⑥秘密意匠

前述の通り、意匠は登録を受けた後に公開されますが、例えば、新製品のデザインの発表前に意匠公報によってそのデザインが公になってしまうのを防ぐために、意匠登録された場合にその登録意匠の内容を秘密にしておくことができます。

> 重要
>
> 意匠登録出願人は、**意匠権の設定の登録の日**から**3年**以内の期間を指定して、その期間意匠を秘密にすることを請求することができます。秘密意匠の請求は、**意匠登録出願と同時**、又は**第1年分の登録料の納付と同時**に行います。

なお、たとえ秘密期間中であっても、**裁判所から請求があった**場合等には、特許庁長官は、秘密意匠に係る意匠を意匠権者以外の者に示さなければなりません。

3 審査の流れ

意匠登録出願が行われた後、実体審査が行われます。

> 重要
>
> 特許法と異なり、**出願審査請求は必要ありません。**

審査において登録要件が満たされていないと判断された場合は、拒絶理由が通知されます。拒絶理由通知に対する対応は、特許法と同様です。

但し、意匠法においては、補正が意匠の**要旨を変更**するものであると認められる場合、その補正は却下されます。これに対して不服がある場合は、**補正却下決定不服審判**を請求することができます。

拒絶理由が解消しない場合は、拒絶査定となります。拒絶査定に不服がある場合は、特許法と同様に拒絶査定不服審判を請求できます。

[意匠審査の流れ]

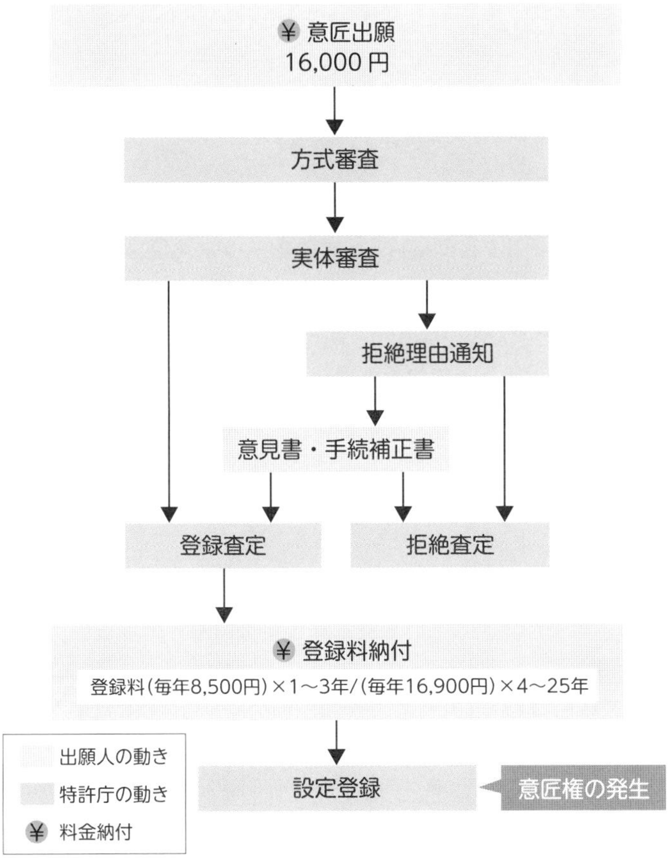

出典：特許庁ウェブサイト

過去問でチェック！

次の記述は正しいか、誤っているか？

1. 独立して取引の対象とはならない物品の部分について、意匠登録出願をすることができる。
2. 意匠登録出願人は、設定登録料の納付時に、秘密期間を1年とする秘密意匠の請求をすることができる。

部分　秘密

解答・解説

正解：1○（第38回学科問12改題）、2○（第40回実技問15改題）

1. 物品の部分は、意匠法の保護対象です。
2. 意匠登録出願人は、意匠権の設定の登録の日から3年以内の期間を指定して、意匠を秘密にすることを請求することができます。この請求は登録料の納付と同時にすることができます。

重要度 ★★★

4 意匠権の発生と管理

意匠権の存続期間は、意匠登録出願の日から25年間である。

1 意匠権の発生

特許権と同様、意匠権は、登録査定の謄本の送達日から**30日以内**に登録料を納付し、**設定登録**されることで発生します。一方で、特許法と異なり、このとき納付する登録料は**1年分**です。なお、前述の通り、この**登録料の納付と同時に秘密意匠の請求**をすることができます。

意匠権の**設定登録**があったときに、意匠公報(意匠権者の氏名や、願書に添付した図面等が掲載されている公報)が発行されます。

頻出！
第44回学科問4イ
第42回学科問23ウ

2 意匠権の存続期間

重要

意匠権の存続期間は、**意匠登録出願の日から25年**です。

関連意匠の存続期間は、本意匠の意匠登録出願の日から25年です。なお、特許法と異なり、存続期間を延長することはできません。

特許権と同様に、**2年目**以降の各年分の登録料は**前年以前**に納付する必要があり、**6カ月**以内であれば追納できます。そして、この登録料の納付を行わなかった場合は、存続期間の途中であっても意匠権は消滅します。

3 意匠権の譲渡

特許権と同様、意匠権も第三者に譲渡することができます。

4 実施権の設定

特許法と同様、意匠権者は、意匠権について専用実施権の設定や通常実施権の許諾をすることができます(「第1章 11 特許権の実施権」参照)。一方で、後述するように意匠権の効力は登録意匠に**類似する意匠にまで及ぶ**ため、登録意匠だけでなく、これに**類似する意匠**にも専用実施権の設定や、通常実施権の許諾をすることができる点が、特許法と異なります。

また、意匠法でも職務創作(特許法における職務発明と同様の規定)や先使用権について規定されています。

[権利の存続期間]

	起算日	期間	延長
特許権	出願日	20年	一定の場合可能
意匠権	出願日	25年	なし

過去問でチェック!

次の記述は正しいか、誤っているか?

1. 意匠権の存続期間は、意匠権の設定登録の日から10年である。
2. 登録意匠に類似する意匠について通常実施権の許諾を受けることができる。

解答・解説

正解:1× (第38回学科問12改題) 、2○ (第38回実技問19改題)

1. 意匠権の存続期間は、意匠登録出願の日から25年です。
2. 意匠権者は、その意匠権について他人に通常実施権を許諾することができ、意匠権には類似の範囲も含まれます。

重要度 ★★★

5 意匠権の効力と侵害への対応

意匠権の効力は、登録意匠と同一の意匠だけでなく、類似する意匠にも及ぶ。

Point
意匠権の効力は登録意匠と非類似の意匠には及びません。

頻出!
第44回実技問18
第43回実技問21ア,ウ
第43回実技問25イ,ウ
第42回実技問26
第41回学科問6

1 意匠権の効力

意匠権の効力は、登録意匠と同一の意匠だけでなく、**類似する意匠**にも及びます。

意匠が同一、類似又は非類似かは、意匠に係る物品と意匠の形状等に基づいて判断されます。

物品と形状等がそれぞれ同一の場合は、意匠は**同一**と判断されます。物品と形状等の一方が同一で、もう一方が類似の場合、又はそれぞれ類似している場合には、意匠は**類似**であると判断されます。

物品と形状等のいずれか一方、又はどちらも非類似である場合には、意匠は非類似と判断されます。例えば、車について意匠権を有している場合、その車と同じデザインのおもちゃの車の販売に対して、この意匠権を行使することはできません。この場合は、物品が同一ではないからです。

登録意匠とそれ以外の意匠が類似であるか否かの判断は、**需要者**の視覚を通じて起こさせる美感に基づいて行われます。

[対比する意匠の類否]

		物品		
		同一	類似	非類似
形状等	同一	○	△	×
	類似	△	△	×
	非類似	×	×	×

○:意匠が**同一**　△:意匠が**類似**　×:意匠が**非類似**

意匠権の効力が及ばない範囲は、特許法と同様です(「第1章10 特許権の効力」参照)。

2 意匠権が侵害された場合に取りうる対応

権原なき第三者が、業として、**登録意匠又はこれに類似する意匠**を**実施**した場合には、意匠権の侵害となります。

意匠権の実施とは、次に掲げる行為をいいます。

①意匠に係る物品の製造、使用、譲渡、輸出・輸入等
②意匠に係る建築物の建築、使用、譲渡等
③意匠に係る画像の作成、使用等、意匠に係る画像を記録した記録媒体等の譲渡等

意匠権を侵害されたときの対応は、特許法における場合と同様です（「第1章 12 特許権の侵害への対応（権利者の対応）」参照）。

3 警告を受けた場合の対応

意匠権の侵害であると警告を受けた場合の対応も、特許法における場合と同様です（「第1章 13 特許権侵害の警告を受けた場合の対応」）。

Point
但し、特許法と異なり、意匠法には異議の申立て制度はありません。

過去問でチェック！

次の記述は正しいか、誤っているか？

登録意匠と非類似の物品であったとしても、登録意匠とデザインが同一であれば、登録意匠に係る意匠権に基づいて権利行使できる。

解答・解説

正解：×（第40回実技問21改題）
物品が非類似であれば意匠が非類似であるため、権利行使できません。

<テキスト編>

第3章

商標法

商標法は、商標（商品・サービスを識別するために使用するマーク〈文字、図形等〉）を保護することにより、商標の使用をする者の業務上の信用の維持を図り、もって産業の発達に寄与し、あわせて需要者の利益を保護することを目的としています。

重要度 ★★★

1 商標法と商標

商標法上の商標に該当するものが、商標権によって保護される。

1 商標法の目的

「商標を保護することにより、商標の使用をする者の業務上の信用の維持を図り、もって産業の発達に寄与し、あわせて需要者の利益を保護すること」が商標法の目的です。

2 商標

商標法で保護されるのは、**商標**です。

商標とは、企業の**ロゴマーク**等、自他商品・役務(サービス)を識別するために使用する**マーク**をいいます。

3 商標の具体例

①文字商標

ひらがな、カタカナ、漢字、ローマ字、数字等の文字のみからなる商標です。

②図形商標

写実的なものから図案化したもの、幾何学的模様等の図形のみから構成される商標です。

③記号商標

暖簾記号、文字を図案化し組み合わせた記号、記号的な紋章のことです。

④立体商標

立体的形状からなる商標です。例えば、コカ・コーラのボトルの形状等がこれに該当します。

条文でCheck!
〔商標法2条1項〕
この法律で「商標」とは人の知覚によつて認識することができるもののうち、文字、図形、記号、立体的形状若しくは色彩又はこれらの結合、音その他政令で定めるもの（以下「標章」という。）であつて、次に掲げるものをいう。
一　業として商品を生産し、証明し、又は譲渡する者がその商品について使用をするもの
二　業として役務を提供し、又は証明する者がその役務について使用をするもの（前号に掲げるものを除く。）

頻出！
第44回学科問6ア
第43回実技問20イ
第42回学科問13
第42回実技問29,30

⑤色彩のみからなる商標

単色又は複数の色彩の組合せのみからなる商標です。

なお、**文字、図形、記号、立体的形状、色彩を2つ以上組合せた結合商標**も保護対象となります。

⑥ホログラム商標

文字や図形等がホログラフィーその他の方法により変化する商標です。

⑦動き商標

文字や図形等が時間の経過に伴って変化する商標です。

⑧音商標

CMソング等の音楽、音声、自然音等からなる商標であり、聴覚で認識される商標です。

⑨位置商標

図形等を商品等に付す位置が特定される商標です。

Point
香りのみからなる商標、及び香りと①～⑨の商標との結合商標は保護対象となりません。

過去問でチェック！

次の記述は正しいか、誤っているか？

□ 商標は、文字、記号、図形などから構成され、立体的形状も商標を構成するが、色彩は商標を構成しないため、立体的形状に色彩を付加した商標については、商標法上の保護対象とはならない。

解答・解説

正解：×（第39回学科問29改題）
色彩は商標を構成します。

重要度 ★★★★

2 商標登録要件①（使用と識別力）

商標登録を受けるためには、「使用」することと、自他商品等識別力が必要である。

頻出！
第44回実技問19ウ
第43回学科問29イ
第43回実技問20ア
第43回実技問28
第42回実技問28

1 自己の業務に係る商品・役務に使用すること

商標登録を受けようとする商標は、「使用」されなければなりません。それ自体は単なる標章（マーク）である商標に経済的価値がある理由は、商標には**業務上の信用**が化体しているからです。

重要

業務上の信用は、商標が自己の商品や役務に**使用される**ことによって、その商標に蓄積されます。したがって、現在使用しておらず、近い将来も使用することが明らかでない、つまり**使用する意思**がない単なる標章は、商標法で保護されません。

頻出！
第44回実技問22ア,ウ
第43回学科問29ウ
第43回実技問20ウ
第42回学科問6ウ
第42回実技問18ア
第41回実技問20

2 識別力があること

商標に**自他商品役務の識別力**（自他商品等識別力）がなければ、商標登録を受けられません。識別力とは、自己の商品や役務（サービス）と他者の商品や役務を区別できる機能をいいます。

次のような商標は識別力がなく、商標登録を受けられません。

①商品又は役務の普通名称を普通に用いられる方法で表示する標章のみからなる商標

普通名称の略称や俗称も普通名称とみなされます。例えば、商品「電子計算機」について、商標「コンピュータ」、商品「スマートフォン」について、商標「スマホ」等が、商品の普通名称に該当します。

取引者において、一般的に使用する範囲にとどまらない特殊な構成で表示するもの等は「普通に用いられる方法で表示する」という要件に該当しません。

②慣用商標

その商品又は役務について慣用されている商標です。

例えば、商品「清酒」に商標「正宗」が慣用商標に該当します。

③記述的商標

商品の産地、販売地、**品質**、原材料、効能、用途、形状等その他の特徴を普通に用いられる方法で表示する標章のみからなる商標です。

④ありふれた氏又は名称を普通に用いられる方法で表示する標章のみからなる商標

⑤極めて簡単で、かつ、ありふれた標章のみからなる商標

例えば、**ローマ字の1字又は2字**からなるもの、**仮名文字1字**からなるもの等が該当します。

⑥上記①～⑤のほか、識別力のないもの

> **Point**
> 元号等がこの商標に該当します。

なお、上記③～⑤に該当する商標であっても、**使用し続けることによって全国的に有名になり、識別力が発生したものは商標登録を受けることができます。**

過去問でチェック！

次の記述は正しいか、誤っているか？

□ 商標について商標登録を受けるためには、出願前にその商標を使用していること又は少なくとも使用意思を有することが必要である。

使用している商標

使用しようとしている商標

解答・解説

正解：○（第38回実技問24改題）

「使用」には現在使用しているほか、使用する意思があることも含まれます。

重要度 ★★★★

3 商標登録要件②（不登録事由と先願主義）

不登録事由とは、公益的見地や私益保護等の観点から、登録を排除する規定である。

頻出！
第 44 回学科問 26
第 44 回実技問 19 ア
第 44 回実技問 22 イ
第 43 回学科問 14
第 43 回実技問 29,30
第 42 回学科問 6 イ
第 42 回実技問 18 ウ
第 41 回実技問 28

1 不登録事由

識別力のある商標であっても、公益的見地や私益保護等の観点から、登録するのが不適切なものがあります。

不登録事由には、次のような商標が該当します。

①公の秩序又は善良の風俗を害するおそれがある商標

意匠法と同様に規定されています。

②他人の肖像又は他人の氏名若しくは名称若しくは**著名な**雅号、**芸名**若しくは筆名若しくはこれらの著名な略称を含む商標

但し、**その他人の承諾**があれば、商標登録できます。

Point
日本国内の需要者の間に広く認識されていることが必要です。

重要

③「**他人**」の業務に係る商品又は役務（以下、この章において「商品等」）を表示するものとして「**需要者の間に広く認識**」されている商標と**同一又は類似の商標**で、その商品等と**同一又は類似の商品等**に使用される商標

④**自己の商標登録出願の日前の商標登録出願**に係る「**他人**」の登録商標と**同一又は類似の商標**で、その商標登録に係る指定商品等と**同一又は類似の商品等**に使用される商標

Point
⑥には、例えば、商品「ぶどう果汁が含まれないジュース」について、商標「ぶどうジュース」としたものが該当します。

⑤他人の業務に係る商品等と**混同**を生ずるおそれがある商標

⑥**商品の品質**又は役務の質の**誤認**を生ずるおそれがある商標

⑦商品等が当然に備える特徴のうち政令で定めるもののみからなる商標

商品又は商品の包装の形状で、**その機能を確保するために不可欠な立体的形状**のみからなる商標が該当します。

⑧他人の業務に係る商品等を表示するものとして日本国内又は外国の需要者の間に広く認識されている商標と同一又は類似の商標であって、不正の目的で使用される商標

Point
「不正の目的」には、出願人が外国の権利者の国内参入を阻止しようしていること等が該当します。

2 先願主義

特許法等と同様、商標法も先願主義です。

異なった日に同一又は類似の商品等について使用をする、同一又は類似の商標について複数の商標登録出願があったとき、最先の商標登録出願人のみがその商標について商標登録を受けることができます。

同日出願の場合は、特許庁長官は協議命令を出しますが、協議が成立しなかった場合等には、特許庁長官が行う公正な方法による**くじ**で商標登録を受ける者が決定されます。

Point
特許法との規定の違いに注意しましょう。

過去問でチェック！

次の記述は正しいか、誤っているか？

□ 商標登録出願に係る商標を「リンゴジュース」とし、リンゴ果汁が含まれないジュースを指定商品として、商標登録出願をした場合には、登録を受けることができない。

解答・解説

正解：○（第38回実技問18改題）
商品の品質又は役務の質の誤認を生ずるおそれがある商標に該当するため、登録を受けることができません。

重要度 ★★★

4 商標登録出願

商標法には出願審査請求制度はない。出願公開制度があるが、特許法の規定と公開の時期が異なる。

1 出願書類

商標登録を受けようとする商標等を記載した願書を特許庁長官に提出して、商標登録出願を行います。

願書の記載事項は次の３点です。

①商標登録出願人の氏名又は名称と住所又は居所

②商標登録を受けようとする商標

１つの商標登録出願で、複数の商標を記載することはできません（一商標一出願）。

③指定商品又は指定役務並びに商品及び役務の区分

商標に使用する商品等を指定商品等として記載します。**1つの商標登録出願で、複数の商品等を指定することができます。**

政令で指定する区分（第１類～45類）も記載します。なお、商品等の区分は**商品等の類似の範囲を定めるものではありません。**

2 審査の流れ

商標登録出願が行われた後、審査官によって実体審査がされます。

重要

特許法と異なり、**出願審査請求の制度はありません。**

登録要件を満たしていない場合には、拒絶理由が通知されます。

重要

また、特許法と同様に、出願公開制度がありますが、**商標登録出願後、準備が整い次第公開される**点が、特許法と異なります。

［商標審査の流れ］

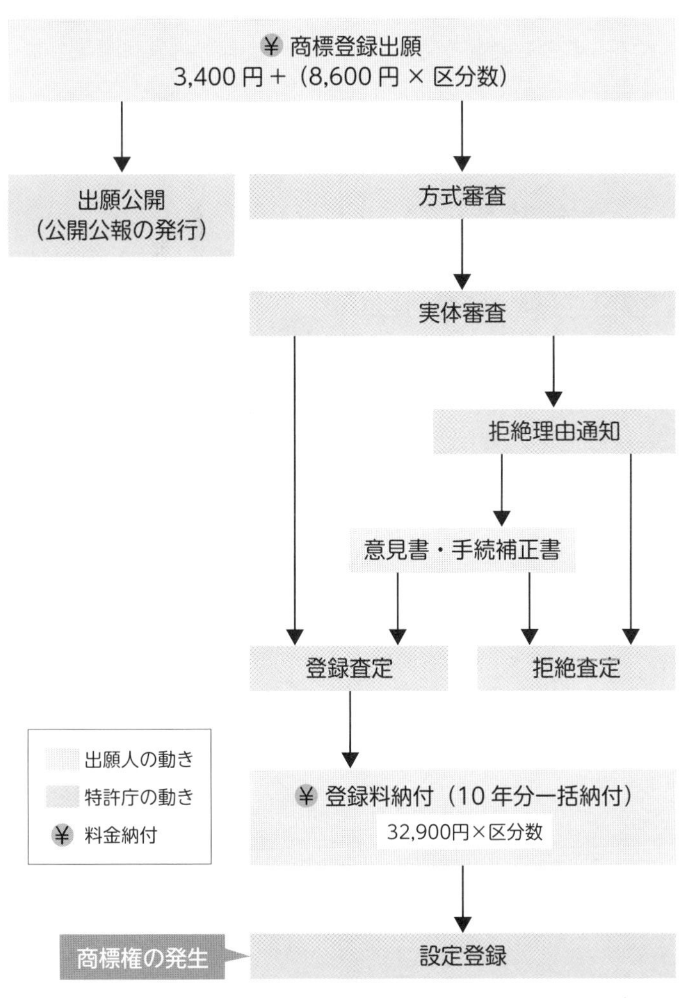

出典:特許庁ウェブサイト

3 拒絶理由通知に対する対応

特許出願と同様に、拒絶理由通知に対して意見書や手続補正書を提出することができます。

> 重要
>
> 指定商品等又は商標についてした補正がこれらの**要旨を変更**するものであるときは、補正が却下されます。**指定商品等の範囲の変更又は拡大**は、非類似の商品等に変更し、又は拡大する場合のみならず、他の**類似**の商品等に変更し、又は拡大する場合も要旨の変更です。また、商標の補正は原則として要旨の変更であり、例えば、商標中の**文字**、**図形**、**記号**又は**立体的形状**を**変更**、又は**削除**することがこれに該当します。

また、出願の分割もできます。

そして、拒絶理由が解消せずに、拒絶査定を受けた場合には、拒絶査定不服審判を請求できます。

過去問でチェック！

次の記述は正しいか、誤っているか？

- 1. ある商標について、商品A、及びそれに類似する商品Bも一の商標登録出願の指定商品に含めて出願することができる。
- 2. 拒絶理由通知への対応として、出願当初の願書に記載されていた指定商品を非類似の商品へと変更することも、類似する商品へ変更することも、要旨変更の補正として認められない。

解答・解説

正解：1○（第38回実技問24改題）、2○（第39回学科問1改題）

1. 商標登録出願は、商標の使用をする二以上の商品を指定してすることができます。
2. 非類似の商品等に変更する場合のみならず、類似の商品等に変更する場合も要旨の変更に該当します。

重要度 ★★★★

5 商標権の発生と管理

商標権の存続期間は設定登録の日から10年間である(更新できる)。

1 商標権の発生

重要

商標権は、登録料を納付し、**設定登録**されることで発生します。登録料は、**10年分一括支払い**、又は、**5年分ずつ分けて**納めること(分割納付)ができます。

設定登録されると、商標掲載公報(商標権者の氏名や願書に記載した商標、指定商品等が掲載された公報)が発行されます。

Point
特許権、意匠権、商標権はすべて設定登録によって発生します。

2 商標登録に瑕疵がある場合

①登録異議の申立て

重要

特許法と同様に、**何人も**、登録異議の申立てをすることができます。一方で、特許法と異なり、この申立てをできるのは商標掲載公報の発行の日から**2カ月**以内です。

取消決定が確定したとき、商標権は初めから存在しなかったものとみなされます。

頻出!
第44回学科問6ウ
第44回実技問28-30
第42回学科問28ア,イ
第41回学科問8イ
第41回実技問29,30

②商標登録無効審判

特許法と同様、登録異議の申立てと異なり、**利害関係人**に限り商標登録無効審判を請求することができます。無効審決が確定したときは、登録異議の申立てと同様、商標権は初めから存在しなかったものとみなされます。

Point
商標登録が、所定の無効理由に違反してされた場合には、その商標登録についての無効審判は、商標権の設定の登録の日から5年を経過した後は、請求することができません。これを除斥期間といいます。

Point
これらの審判は商標法に特有の規定です。

Point
登録商標ではなく登録商標に類似する商標のみを使用している場合、取消しを免れません。

頻出！
第44回学科問17
第44回学科問21イ
第42回学科問28ウ
第42回実技問25ウ
第41回学科問8ウ

3 適正に使用されていない場合

①不使用取消審判

重要

日本国内において継続して**3年以上**、**商標権者**、**専用使用権者**、**通常使用権者**のいずれもが、指定商品等について**登録商標**を使用していないときは**何人も**、その商標登録を取り消すための審判（不使用取消審判）を請求することができます。

この審判により取消審決が確定したとき、商標権はこの審判の**請求の登録の日**に消滅したものとみなされます。

②不正使用取消審判

商標権者が、故意に、指定商品等についての登録商標に類似する商標等を使用して商品の品質等の誤認又は他人の業務に係る商品等と混同を生じさせた場合には、何人も、その商標登録を取り消すための審判を請求することができます。

Point
更新登録の制度は商標法に特有の規定です。

頻出！
第44回学科問8
第43回実技問23ア
第41回実技問17ア，イ

4 商標権の存続期間

重要

商標権の存続期間は、**設定登録の日**から**10年**です。なお、商標権の存続期間は**更新**できるので、商標権は**半永久的な権利**といえます。

更新登録を申請できる主体は、**商標権者のみ**です。

更新登録の申請時期は、商標権の存続期間の満了前**6カ月**から満了の日までです。この期間内に更新登録の申請ができない場合であっても、**この期間の経過後6カ月以内**であれば、割増登録料を更新登録料に上乗せして支払うことで、更新登録の申請ができます。

5 商標権の移転

商標権は、指定商品等ごとに、**分割して移転をすることができます**。

6 使用権

特許法と同様、商標権者は、商標権について専用使用権の設定や、通常使用権の許諾をすることができます(「第1章 11 特許権の実施権」参照)。

特許法と同様、商標法にも契約によって成立する使用権だけでなく、法律で定められている使用権があります。

他人の商標登録出願前から日本国内において**不正競争の目的でなく**その出願に係る指定商品等と同一又は類似の商品等についてその商標と同一又は類似の商標を使用していて、その商標が「自己の業務に係るもの」として**出願時に周知**となっている場合、その使用をしている者は、先使用による商標の使用をする権利(先使用権)を有します。

Point
使用権は指定商品等ごとに、設定・許諾することができます。

Point
特許法よりも先使用権の要件が多いことに注意しましょう。

[存続期間]

	起算日	期間	備考
特許権	出願日	20年	一定の場合延長可能
実用新案権	出願日	10年	−
意匠権	出願日	25年	−
商標権	設定登録日	10年	何回でも更新可能

過去問でチェック!

次の記述は正しいか、誤っているか？

1. 商標権の設定の登録を受ける者は、登録料を分割して納付することはできない。
2. 商標権は、商標登録出願の日から10年後に消滅するのが原則であるが、更新登録によって更に10年間存続させることができる。
3. 商標権者が、審判の請求の登録前の3年以内に登録商標に類似する商標のみを指定商品に使用している場合、取消しの対象となり得る。

解答・解説

正解：1×（第40回学科問2改題）、2×（第40回学科問2改題）、3○（第38回学科問22改題）

1. 一括納付に加え、分割納付もできます。
2. 設定の登録の日から10年後に消滅します。なお、後段は正しいです。
3. 登録商標を使用していなければ、取消しの対象となります。

重要度★★★

6 商標権の効力と侵害への対応

商標権者は、指定商品等について登録商標を独占的に使用できる。
自己の氏名等を不正競争の目的なく使用する場合等には、商標権の効力が及ばない。

条文でCheck!
〔商標法25条1項〕
商標権者は、指定商品又は指定役務について登録商標の使用をする権利を専有する。

Point
意匠権と違い、商標権は、類似範囲において、独占的に商標を使用することはできませんが、他人の使用を禁止することができます。

1 商標権の効力

①専用権

商標権者は、指定商品又は指定役務(**指定商品等**)について、**登録商標を独占的に使用**できます。これを、専用権といいます。

専用権について、商標権者はライセンス契約(使用権の設定、許諾)を行うことができます。

②禁止権

商標権者は、**指定商品等についての登録商標に類似する商標、又は指定商品等に類似する商品等の登録商標、若しくはこれに類似する商標**について、権原のない**第三者の使用を禁止することができます**。これを、禁止権といいます。

2 商標権の効力が及ばない範囲

例えば、以下の商標には商標権の効力が及びません。

①不正競争目的でなく、自己の氏名等を普通に用いられる方法で表示する商標

②普通名称、及び商品の品質その他の特徴等を普通に用いられる方法で表示する商標

③慣用商標

3 商標権の侵害への対応

権原なき第三者が、専用権の範囲内で、商標を使用している場合、商標権の侵害となります。また、禁止権の範囲内で商標を使用している場合にも、商標権の侵害とみなされます。

例えば、以下の行為が「使用」に該当します。

①商品又は商品の包装に標章を付する行為

②商品又は商品の包装に標章を付したものを譲渡等する行為

商標権が侵害されたときの対応は、特許法における場合と同様です。

4 警告を受けた場合の対応

商標権の侵害であると警告を受けた場合の対応も、特許法における場合と同様です。

但し、特許法における場合と異なり、不使用取消審判、不正使用取消審判等を請求することができます。

Point

商標権の存続期間は更新することができます。したがって、もともとの存続期間が満了したとしても、存続期間が更新された場合には、権原のない第三者による指定商品等についての登録商標の使用は侵害となることに注意しましょう。

[商標権の効力]

		指定商品又は指定役務		
		同一	類似	非類似
商標	同一	○	△	×
	類似	△	△	×
	非類似	×	×	×

○：専用権　△：禁止権　×：権利なし

過去問でチェック！

次の記述は正しいか、誤っているか？

登録商標が著名であって、当該商標権に係る指定商品と非類似の商品について同一の商標を使用する場合には、当該商標権の効力が及ぶ。

解答・解説

正解：×　(第38回学科問28改題)

登録商標と同一の商標を使用したとしても、非類似の商品への使用であれば商標権の効力は及びません。

<テキスト編>

第4章

知的財産に関する条約

グローバル化した世界において、国内だけでなく、国境を越えて知的財産を適切に保護することを目的として、パリ条約等の国際的な合意がなされています。

重要度 ★★

1 パリ条約

パリ条約の三大原則は、内国民待遇の原則、優先権制度、各国特許独立の原則である。

頻出!
第44回学科25
第43回学科問13
第43回実技問22ア,ウ
第42回学科問27
第42回実技問22イ,ウ
第41回実技問25

1 パリ条約の三大原則

パリ条約とは、特許等の知的財産を国際的に保護するための条約です。

次の３つの原則が定められています。

①内国民待遇の原則

パリ条約の同盟国の国民に対して、自国の国民と同等の保護、救済措置を与えなければならないという原則を、内国民待遇の原則といいます。

②優先権制度

日本の特許法における国内優先権制度と同様に、パリ条約においても優先権制度があります。

いずれかの同盟国において正規に出願をした者は、他の同盟国において出願することに関して優先権を有します。

各同盟国の国内法令や多数国間の条約(例えば後述するPCT条約)により正規の国内出願とされるすべての出願は、優先権を生じさせるものと認められます。「正規の国内出願」とは、結果のいかんを問わず、その国に出願をした日付を確定するために十分なすべての出願をいいます。

これは、**取り下げや拒絶等された出願であっても、優先権を生じさせる**ということを意味します。

パリ条約上、優先期間の満了前に他の同盟国においてされた後の出願は、優先期間に行われた行為、例えば他の出願等によって不利な取扱いを受けないものとされています。

Point
同盟国の国民は、優先権の主張の基礎となる第一国の出願を、他の同盟国の特許庁へすることができます。

Point
優先権の主張の基礎とした先の出願を取り下げても、優先権主張を伴う特許出願は、無効となりません。

重要

これは、**後の出願には、先の出願時にされたのと同様の利益が与えられる**ということです。つまり、後の出願の新規性等の判断基準時が先の出願時となります。
優先期間は、特許と実用新案については、先の出願日から12カ月、意匠と商標については6カ月です。

Point
後の出願の出願日が先の出願の出願日となるわけではありません。

Point
優先期間以外に、パリ条約に基づく優先権を主張するための時期的要件はありません。

③各国特許独立の原則

各同盟国における**特許権の発生、消滅、存続期間、効力等はそれぞれ独立したものとする**ことを、各国特許独立の原則といいます。

重要

つまり、例えば、**ある同盟国で特許を取得したとしても、他の同盟国でも同じ特許を取得できるというわけではない**ということです。また、**ある同盟国の特許権の効力は、他の同盟国には及びません。**

過去問でチェック！

次の記述は正しいか、誤っているか？

■ パリ条約に基づく優先権を主張して、外国に特許出願をする場合には、最先の特許出願に係る発明が実施される前までに行わなければならない。

解答・解説

正解：×（第39回学科問4改題）
パリ条約に基づく優先権の主張に関する時期的要件としては、特許の場合、最先の特許出願の日から12カ月以内に出願をするという要件のみです。

重要度 ★★★

2 特許協力条約(PCT)

特許協力条約によって、本来、各国にそれぞれ行う必要がある特許出願の手続を、一本化(簡素化)して、出願日(国際出願日)を確保できる。

1 特許協力条約とは

特許協力条約（PCT：Patent Cooperation Treaty）は、特許の出願手続に関する条約です。この条約に基づく手続によって、**保護を希望する複数の国への特許出願手続を簡素にすることができます。**

2 特許協力条約に基づく出願（PCT国際出願）

PCT国際出願とは、条約に従って1つの出願書類を提出することによって、PCT加盟国である複数の国に出願したことと同じ効果を与える制度です。

1つの出願で保護を希望した複数の国において、出願日を確保することができます。

国際出願日の認められる国際出願は**国際出願日から各指定国における正規の国内出願の効果を有する**ものとされます。また、国際出願日は、各指定国における実際の出願日とみなされます。

なお、国際出願は、原則としてすべてのPCT締約国を指定したものとみなされ（みなし全指定）、**自国を指定することも可能**です。

Point
1つの国際出願によって、複数の指定国での出願日を確保できますが、有効な権利を得るためには、各国での審査を受ける必要があります。

頻出！
第44回学科問22
第44回実技問16
第44回実技問23
第43回学科問4
第43回学科問25
第43回実技問14
第43回実技問22ア,イ
第42回学科問7
第42回学科問19
第42回実技問20
第41回学科問7
第41回学科問27
第41回実技問13

3 PCT国際出願の流れ

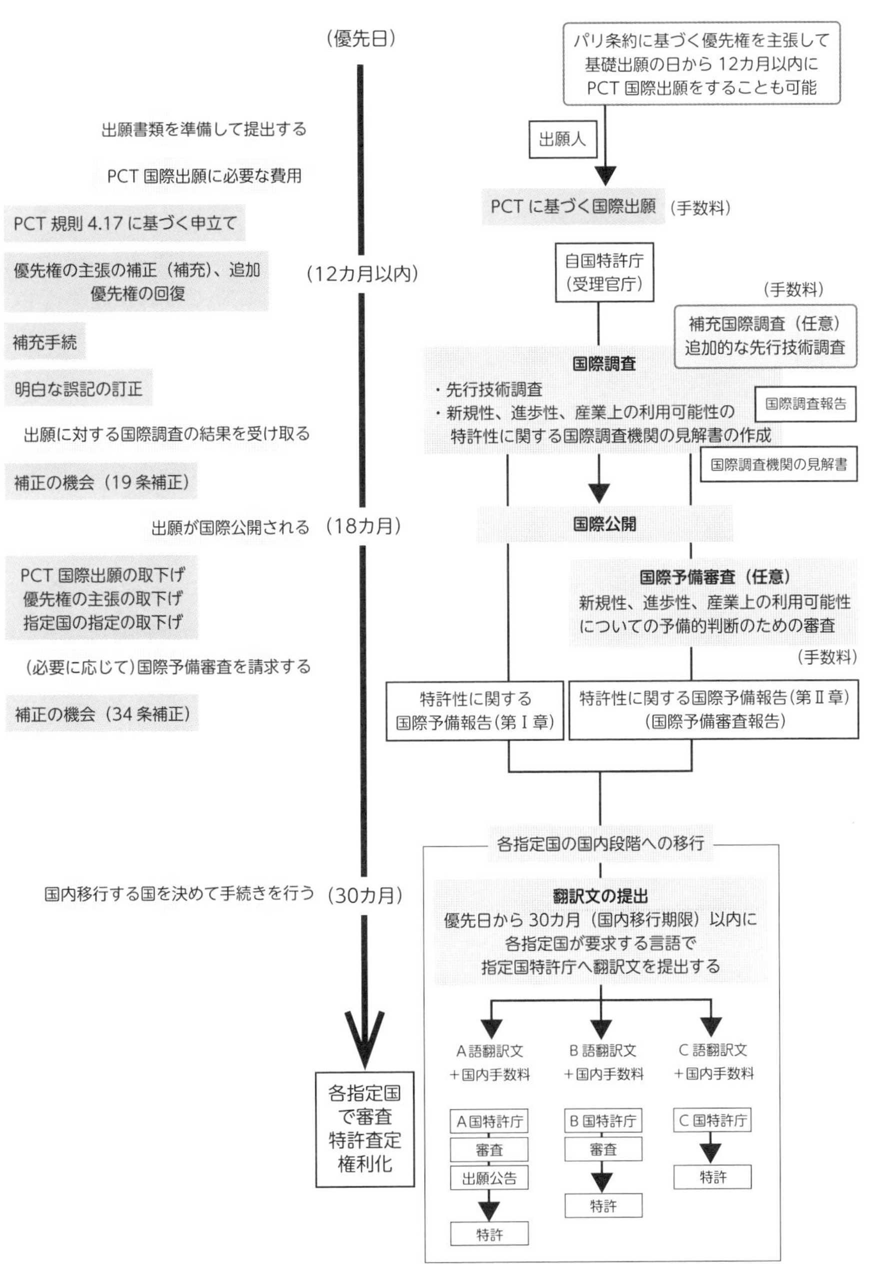

出典:特許庁ウェブサイト

Point
受理官庁が国際出願を受理した日が、国際出願日として認められます。

①国際出願

出願人は、**日本国特許庁**又は**国際事務局**に、出願書類を提出して国際出願を行います。日本国特許庁へは、**日本語**又は**英語**で出願書類を記載します。

所定の要件が満たされれば、**「国際出願日」**が認められます。

Point
「国際調査の請求」という手続は存在しません。

②国際調査

重要

> 国際出願がされると、**国際調査機関**によって**国際調査**が行われます。原則として、**すべての**国際出願が国際調査の対象となります。

国際調査は、出願書類の**「請求の範囲」**に基づいて、関連のある先行技術を発見することを目的として行われます。

国際調査の結果が記載される**国際調査報告**は、**出願人**と**国際事務局**に**送付**されます。請求項に記載されている発明の新規性等についての**国際調査機関の書面による見解も国際調査報告書と同時に作成されます。**

国際調査報告を受け取った後、出願人はその請求の範囲について**補正することができます。**

Point
原則として、すべての国際出願が国際公開されます。

③国際公開

重要

> 国際出願の内容は、原則、**優先日から18カ月経過後**、**国際事務局**により公開されます。この公開は、**出願人の請求により早めることもできます。**

Point
国際調査の場合と異なり、請求が必要です。

④国際予備審査

重要

> **出願人**は、**国際予備審査機関**に対して、国際予備審査を請求できます。
> **国際予備審査機関は請求があった場合に限り**、国際予備審査を行い、出願内容の新規性等について見解を示します。

⑤国内移行手続

重要

権利を取得したい国に対して、**出願人は、優先日から原則30カ月以内に国内移行手続**をする必要があります。この手続としては、例えば日本語で国際出願した場合における**翻訳文の提出**等があります。

4 PCTと優先権

国際出願に基づいて、日本でパリ条約上の優先権を主張した特許出願をすることができます。また、日本の特許出願に基づいて、パリ条約上の優先権を主張して国際出願をすることができます。

[各手続の主体]

手続	主体
国際調査	国際調査機関
国際公開	国際事務局
国際予備審査	国際予備審査機関

過去問でチェック！

次の記述は正しいか、誤っているか？

1. 出願内容は、優先日から18カ月経過後に各国際調査機関により国際公開される。
2. 出願人は、国内移行手続をするためには、原則として優先日から30カ月を経過する時までに各指定官庁に対し、所定の翻訳文を提出しなければならない。

解答・解説

正解：1×、2○（第38回学科問27改題）

1. 国際公開は、国際事務局により行われます。
2. 問題文の通りです。

重要度 ★

3 TRIPS協定及びその他の条約

TRIPS協定についてはどのような規定があるかを理解し、その他の条約についてはどのような知的財産に関する条約かを把握する。

1 TRIPS協定

TRIPS協定とは、**知的所有権の貿易関連の側面に関する協定**をいいます。TRIPS協定には、**特許**、**意匠**、**商標**、**著作権等**に関する権利の保護、権利行使、**紛争解決**等について規定されています。

パリ条約と同じように、**内国民待遇**の原則が定められています。さらに、**最恵国待遇**の原則も定められています。TRIPS協定における最恵国待遇とは、知的所有権の保護に関し、加盟国が他の国の国民に与える利益等を、他のすべての加盟国の国民に対し即時かつ無条件に与えることをいいます。

2 その他の条約

①マドリッド協定議定書

商標に関する条約です。

②ハーグ協定

意匠に関する条約です。

③ベルヌ条約

著作権に関する条約です。

④特許法条約

特許に関する条約です。

過去問でチェック！

次の記述は正しいか、誤っているか？

□ マドリッド協定議定書は、1つの特許出願を多数国への特許出願として取り扱う国際的な取決めである。

解答・解説

正解：×（第40回学科問6改題）

マドリッド協定議定書は、商標に関する国際的な取決めです。

<テキスト編>

第5章

著作権法

著作権法は、著作物等に関する著作者の権利等を定め、これらの文化的所産の公正な利用に留意しつつ、著作者等の権利の保護を図り、もって文化の発展に寄与することを目的としています。

重要度 ★★★

1 著作権法と著作物

著作権法で保護される著作物を理解する。

1 著作権法の目的

著作権法は、**文化の発展**に寄与することを目的とした法律です。

著作権法は、「著作物」を保護します。

著作権とは、1つの権利ではなく、複製権等の複数の権利をまとめた権利の総称です。そのため、著作権は権利の束ともいわれています。

2 著作物

重要

著作物は、**思想又は感情**を**創作的**に**表現**したものであって、**文芸、学術、美術又は音楽の範囲に属するもの**です。

頻出！
第44回学科問7
第43回学科問26ウ
第43回実技問24イ
第42回学科問5ア,イ
第42回実技問11,12
第42回実技問18イ
第41回学科問14ア,ウ

①思想又は感情であるか

単なる事実やデータは、著作物に該当しません。

Point
人による創作であることが必要であるため、動物による創作物は著作物ではありません。

②創作的なものか

他人の著作物を模倣したもの等は、著作物に該当しません。

③表現されているか

表現されていない**アイデア自体**は、著作物に該当しません。したがって、まだ頭の中にある構想は、著作物といえません。

Point
表現の選択の幅が広いほど著作物として認められやすいです。

3 保護を受けることができる著作物

日本国内で保護を受けることができる著作物には、次のようなものがあります。

①日本国民の著作物

日本国民が外国に居住しているときに描いた絵は、著作物として保護されます。

②最初に国内において発行された著作物

日本国民以外の者が創作した著作物であっても、最初に日本国内で発行された著作物であれば、保護されます。

③条約により保護の義務を負う著作物

過去問でチェック！

次の記述は正しいか、誤っているか？

□ 著作物は、思想又は感情を創作的に表現したものでなければならない。

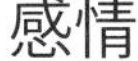

解答・解説

正解：○（第38回学科問18改題）

問題文の通りです。

重要度 ★★★★

2 著作物の種類

著作権法上、9つの著作物が例示されている。また、編集著作物、データベースの著作物等が規定されている。

Point
著作物は、届出等をしなくても、著作物として認められます。

頻出！
第43回学科問26ア,イ
第43回実技問24ウ
第42回実技問7,8
第41回学科問11
第41回学科問14イ

1 著作物

次の９つが「著作物」として、法律上で定められています。

ただし、**これらはあくまで例示であって、これら以外のものが著作物に該当しないというわけではありません。**

①言語

小説、脚本、論文、**講演**等が該当します。

単なる事実の伝達にすぎない時事の報道等は、言語の著作物に該当しません。

②音楽

楽曲、歌詞等が該当します。

※作曲家の頭の中にある楽曲の構想は、著作物とはいえません。なお、歌詞は「言語」の著作物としても保護されます。

③舞踊又は無言劇

ダンスやパントマイムの**振付**等が該当します。

実際にダンスを踊る行為は「実演」となり、後述する著作隣接権の対象となります。

④美術

絵画、版画、彫刻、**漫画**等が該当します。また、**美術工芸品**も美術の著作物に含まれます。

⑤建築

城や宮殿のような芸術的な建築物が該当します。

⑥図形

地図又は学術的な性質を有する**図面**、図表、模型等が該当します。

⑦映画

映画、ゲームソフト等が該当します。

⑧写真

写真、グラビア等が該当します。

⑨プログラム

コンピュータ・プログラム等が該当します。

※**プログラム言語**、規約、解法は、該当しません。

2 その他の著作物

上記9つの著作物以外にも、次のものが著作物として保護されます。

①二次的著作物

二次的著作物とは、上記の著作物（原著作物）を翻訳、編曲、翻案等して創作した著作物をいいます。

例）漫画を原作に制作したテレビドラマ

②編集著作物

重要

編集著作物とは、**素材の選択又は配列**によって**創作性**を有する編集物をいいます。

例）辞書、新聞、雑誌

なお、編集物からは**データベースに該当するものは除かれており**、所定のデータベースは下記の「データベースの著作物」として保護されます。

頻出！
第43回学科問28
第42回学科問25
第42回実技問9,10
第41回学科問29
第41回学科問20イ

Point
編集著作物として保護を受けるためには、素材自体に著作物性がなくてもかまいません。また、素材の提供者の許諾は不要です。

③データベースの著作物

データベースの著作物とは、**情報の選択又は体系的な構成**によって**創作性**を有するデータベースです。編集著作物のうち、コンピュータで検索できるものが該当します。

④共同著作物

重要

共同著作物とは、**複数(2人以上)の人が共同して創作**した著作物であって、**その各人の寄与を分離して個別的に利用できない**もののことです。

例)座談会の議事録

3 著作物として保護されないもの

著作権法上、保護されない著作物として、**憲法その他の法令**等が規定されています。なお、法令には**条文**が含まれます。

[著作物の種類]

言語	音楽	舞踊又は無言劇	美術	建築
図形	映画	写真	プログラム	その他

過去問でチェック！

次の記述は正しいか、誤っているか？

コンピュータ・プログラムは、特許法で保護されるので著作物として認められない。

解答・解説

正解：×（第38回学科問18改題）

著作権法においても著作物として保護されます。

重要度 ★

3 著作者の権利

著作者の権利には、大きく分けると著作者人格権と著作権の2つがある。

1 著作者

著作者とは、**著作物を創作**する人のことです。原則として、人(自然人)が著作者となりますが、一定の要件を満たせば、会社(法人)も著作者となります。

2 著作権者

著作権者とは、以下に示す著作者の権利を有する人のことです。著作権者は、その権利に係る著作物を独占的に利用することができます。

3 著作者の権利

①著作者人格権

著作者の**人格的な利益を保護**する権利のことを、著作者人格権といいます。

著作者人格権には、以下の3つの権利があります。

・公表権
・氏名表示権
・同一性保持権

(「5 著作者人格権」参照)

②著作権(著作財産権)

著作権は、著作物の財産的な権利で、著作財産権ともいわれます。

著作権には、以下の権利があります。

・複製権
・譲渡権
・貸与権

・頒布権
・公衆送信権等
・上演権及び演奏権
・上映権
・口述権
・展示権
・翻訳権、翻案権等
・二次的著作物の利用に関する原著作者の権利
（「6 著作権①」～「8 著作権③」参照）

過去問でチェック！

次の記述は正しいか、誤っているか？

□ 自社製品に関する記事は、他人が作成したものであっても、その他人に許諾を得ることなく、自社内で周知するために自社の掲示板に掲載することができる。

解答・解説

正解：×（第38回実技問7・8改題）
著作者はこの記事を作成した他人であるため、勝手に掲載することはできません。

重要度 ★★★

4 著作者の権利の帰属

職務著作の成立要件と、映画の著作物に関する権利の帰属を理解する。

頻出！
第44回学科問18ウ
第43回実技問9～12
第43回実技問15ア,ウ
第42回学科問10

1 著作者の権利の帰属

著作者の権利は、**著作者**に原始的に帰属します。著作者とは、著作物を創作する者をいいます。したがって、原則として著作物を創作したものが著作権を有しますが、以下に示す一定の場合には、著作者の権利は著作物の創作者以外の者に原始的に帰属することになります。

2 職務著作

職務著作とは、職務上作成した著作物をいいます。本来なら、著作者の権利は著作物の創作者である人(従業者)に帰属しますが、職務著作の場合には、**会社(法人)が著作者となる**ため、会社に権利(**著作権**と**著作者人格権**)が**帰属**します。

重要

職務著作の要件は、次の①～④です。

①**法人等の発意**に基づくこと
②その法人等の業務に従事する者が**職務上作成**する著作物であること
③その法人等が**自己の著作の名義の下に公表**すること
※職務上作成した著作物が**プログラムの著作物**である場合には、**この要件は課されません。**
④作成の時における契約、勤務規則その他に**別段の定めがないこと**

3 映画の著作物

①映画の著作物の著作者

映画の製作、**監督**、演出、撮影、美術等を担当し、その映画の著作物の**全体的形成に創作的に寄与した者**が、映画の著作物の著作者となります。

②映画製作者に著作権が帰属する場合

映画の著作物では、映画を制作する**映画製作者**に著作権(著作財産権)が帰属する場合があります。著作者(監督等)が、**その映画製作者に対して映画の著作物の製作に参加することを約束していた場合**が、該当します。

③職務著作に該当する場合

映画の著作物の著作者が法人等に雇われており、著作物が職務著作に該当する場合には、映画の著作物の著作者は法人等となり、著作者の権利は、その法人等に帰属します。

Point

原則として映画プロデューサーや映画監督等が著作者となります。監督を補佐する助監督や出演している俳優等は、その映画の全体形成に創作的に寄与したといえないので、著作者になることができません。

過去問でチェック！

次の記述は正しいか、誤っているか？

□ X社に勤務する甲は、絵を描くことを副業としており、昼休み時間に職場で絵を描いた。この場合、X社は甲に許諾を得ることなく、この絵を製品のパッケージに使用することができる。

解答・解説

正解：×（第38回実技問9・10改題）

甲により描かれた絵は、X社の発意に基づいて職務上作成されたものではないため、職務著作には該当せず、著作者は甲になります。

重要度 ★★★

5 著作者人格権（公表権、氏名表示権、同一性保持権）

著作者人格権には３つの権利（公表権、氏名表示権、同一性保持権）がある。

1 著作者人格権

著作権法では、著作権のほかに、著作者人格権（公表権、氏名表示権、同一性保持権）が規定されています。

2 公表権

公表権とは、自己の**未公表の著作物**を公衆に提供等する権利です。例えば、他人の未公表の著作物をその著作者に無断で勝手に公表した場合、公表権の侵害となります。

3 氏名表示権

氏名表示権とは、その著作物の原作品等に著作者の実名若しくは変名を著作者名として表示する、又は表示しない権利です。例えば、他人の著作物の原作品に、その著作者の実名を著作者名として表示した場合、氏名表示権の侵害となります。

頻出！
第42回実技問15
第41回学科問2イ
第41回実技問14ウ

4 同一性保持権

重要

同一性保持権とは、**著作物**及びその**題号（タイトル）**を**意に反して改変されない**権利です。例えば、美術の著作物の一部の色を勝手に変更した場合、同一性保持権の侵害となります。

次のいずれかに該当する場合には、同一性保持権の侵害にはなりません。

①学校教育の目的上やむを得ない改変

例）教科書に小説を掲載する際に、旧字体の漢字を新字体の

漢字に変更すること等

②建築物の増築、改築、修繕又は模様替えによる改変等

③コンピュータ・プログラムのバージョンアップ等

④その他やむを得ない改変

例)言語の著作物の**誤字を修正する**こと、入学試験の問題として使用する言語の著作物の**一部を空欄にする**こと

5 著作者人格権の侵害とみなされる行為

著作者の**名誉又は声望を害する方法により著作物を利用する行為**は、著作者人格権の**侵害とみなされます**。これを名誉声望保持権といい、第4の著作者人格権といわれています。

過去問でチェック!

次の記述は正しいか、誤っているか？

□ 著作者の意に反して著作物を改変することは同一性保持権の侵害となるが、著作物の題号を変更することは同一性保持権の侵害とならない。

解答・解説

正解：×（第40学科問27改題）
著作物の題号を変更することも同一性保持権の侵害になります。

重要度 ★★★★

6 著作権①（複製権、譲渡権、貸与権、頒布権）

複製権の侵害となる場合について理解する。譲渡権、貸与権、頒布権はまとめて覚える。

Point
著作権の制限（私的使用のための複製等）に該当する場合には、権利侵害を免れます。（「9 著作権の制限」参照）

1 複製権

著作物を複製できる権利を複製権といいます。他人の著作物を勝手に複製すると、原則として、複製権の侵害となります。

なお、複製権の侵害となるのは、他人の著作物に**依拠（知っていて真似）**する場合なので、偶然似てしまった場合には複製権の侵害とはなりません。

複製とは、**印刷、写真、録音、録画等の方法により有形的に再製すること**です。言語の著作物であれば、コピー機を利用して再製したり、手書きで書き写したりすることが複製となります。

なお、複製権を有する者は、出版権を設定することができます。

頻出！
第44回学科問19ア
第44回実技問11ウ
第43回実技問19ア
第41回学科問9イ
第41回学科問22ア
第41回実技問14イ

2 譲渡権

著作物をその**原作品又は複製物**の譲渡により公衆に提供できる権利を譲渡権といいます。なお、映画の著作物の譲渡については、後述する頒布権に規定されているため、譲渡権の対象となる著作物から**映画の著作物は除かれています**。後述する**貸与権についても同様**です。

重要

譲渡権者等から、**一度適法に譲渡された著作物の原作品又は複製物については、譲渡権の効力は及ばなくなります**。これを譲渡権の消尽といい、譲渡権の例外として規定されています。したがって、**著作物を適法に購入した場合、その後、その購入した著作物を売却しても譲渡権の侵害になりません。**

3 貸与権

著作物をその**複製物**の貸与により公衆に提供できる権利を貸与権といいます。

> **重要**
> **貸与権には消尽の規定はありません。**

Point
著作権者から適法に購入した著作物の複製物であっても、これを公衆に対して貸与した場合には、貸与権の侵害となります。

4 頒布権

> **重要**
> **映画の著作物をその複製物**により頒布できる権利を頒布権といいます。「頒布」とは、有償であるか又は無償であるかを問わず、複製物を公衆に**譲渡**、又は**貸与**することをいいます。

Point
頒布権は映画の著作物についての権利です。

頒布権においては、著作物の複製物の**貸与については消尽の規定は適用されません。**

過去問でチェック!

次の記述は正しいか、誤っているか?

他人が撮影した画像からイメージして作曲することは、画像の複製権の侵害となる。

解答・解説

正解:×（第40回実技問20改題）
複製とは、印刷、写真、複写、録音、録画その他の方法により有形的に再製することをいい、本問の行為はこれらに該当しません。

重要度 ★★★

7 著作権②(公衆送信権、上演権・演奏権、上映権、口述権、展示権)

著作権法で定められている各権利の内容と用語の定義を押さえる。

Point
「公衆」とは、特定少数以外の者です。つまり、不特定多数、不特定少数、特定多数が該当します。
したがって、特定の友人へのメールの送信は、公衆送信権の侵害に該当しません。

1 公衆送信権

公衆送信権とは、著作物を公衆送信できる権利です。

公衆送信とは、公衆によって直接受信されることを目的とした無線通信又は有線電気通信の送信をいいます。公衆送信には、公衆からの求めに応じ自動的に行うもの(自動公衆送信)も含まれます。

公衆送信には、ケーブルテレビ、テレビによる放送が該当します。また、自動公衆送信としては、例えば、**著作物をブログにアップロード**する行為が挙げられます。

Point
「公に」とは、公衆に見せたり聞かせたりすることを目的としているという意味です。

2 上演権と演奏権

上演権とは、演奏以外の方法で著作物を**公に**演じることができる権利です。上演には、演劇だけでなく落語・講談・漫才等も含まれます。

演奏権とは、音楽の著作物を独占的に**公に**演奏することができる権利です。楽器を演奏する行為、歌を歌う行為が演奏となります。

3 上映権

上映権とは、著作物を公に上映できる権利です。

上映に該当する行為には、**映画等の映像を映写することのほか、文章、写真、静止画等を映写することが該当します。**

4 口述権

口述権とは、言語の著作物を公に口頭で伝達できる権利です。例えば、公演や演説、詩の朗読等の行為が該当します。

5 展示権

展示権とは、**美術の著作物**や**未発行の写真の著作物**をこれらの原作品により公に展示することができる権利です。

過去問でチェック！

次の記述は正しいか、誤っているか？

□ 甲の作文Aを、乙が友人丙へ電子メールに添付して送信することは、作文Aに係る公衆送信権の侵害とならない。

解答・解説

正解：○（第40回実技問20改題）

友人丙は、著作権法上の公衆にはあたらないなため、公衆送信権の侵害となりません。

重要度 ★

8 著作権③(翻訳権・翻案権、二次的著作物の利用に関する原著作者の権利)

翻訳権・翻案権は、著作物を翻訳・翻案等することができる権利である。二次的著作物の原著作物の著作者は、二次的著作物の著作者が有する著作権を有する。

1 翻訳権・翻案権

翻訳権・翻案権とは、著作物を翻訳、編曲、変形、脚色、映画化、その他翻案をすることができる権利です。例えば、小説を映画化する権利が翻案権です。

他人の著作物に依拠していて、表現上の本質的特徴の同一性を維持しつつ、創作性のある新たな著作物を創作することが翻案に該当します。

なお、翻案と複製の違いは、創作性の有無になります。創作性がなければ「複製」となります。

2 二次的著作物の原著作者の権利

二次的著作物とは、著作物を翻訳、編曲、変形、脚色、映画化、翻案することにより創作された著作物のことです。例えば、ある小説を映画化した場合、その映画は二次的著作物となります。

二次的著作物の原著作物の著作者に著作権が帰属するのと同様に、二次的著作物の著作者にも著作権が帰属します。

そして、二次的著作物の原著作物の著作者(原著作者)は、二次的著作物の著作者が有する著作権も有します。つまり、原著作者は、原著作物についての著作権と、二次的著作物についての著作権を有することになります。

そのため、二次的著作物を利用したい場合には、**原著作者にも許諾を得る必要があります**。

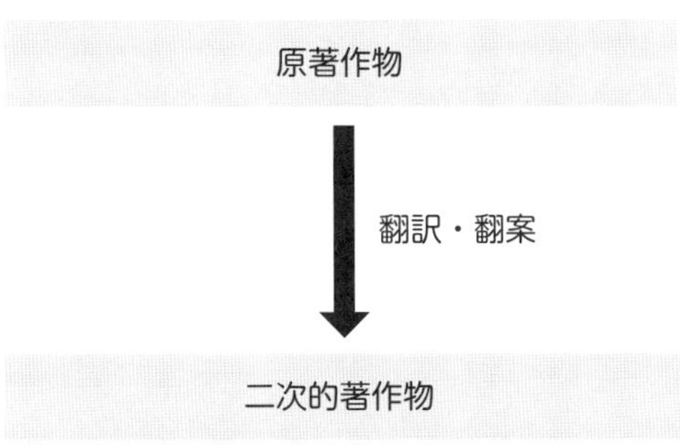

※原著作者は、二次的著作物の著作者が有する著作権も有する

過去問でチェック！

次の記述は正しいか、誤っているか？

□ 学生が書いた論文の誤字を教員が無断で訂正することは、論文の翻案権の侵害となる。

解答・解説

正解：×（第40回実技問20改題）

誤字を無断で訂正する行為は創作性のある新たな著作物の創作には該当しないため、翻案には該当しません。

重要度 ★★★★★

9 著作権の制限

著作権が制限される、つまり著作権の侵害にならない場合について理解する。

頻出!
第44回学科問24ア
第44回実技問24ア
第43回学科問10
第43回実技問7,8ア
第42回実技問19ウ
第41回学科問16イ
第41回実技問7,8

1 著作権の制限

著作権者は、原則として、著作権に係る著作物を独占的に複製等することができます。しかし、一定の場合、著作権が制限されます。

2 私的使用のための複製

重要

著作権者以外の者が、著作権に係る著作物を、**個人的又は家庭内等**の限られた範囲内で使用(私的使用)するときには、著作権者の許諾なしに**複製することができます**。

例えば、購入した書籍をスキャニングしてデータ化して自分だけで読むことは、私的使用に該当します。

しかし、私的使用の目的であっても、技術的保護手段(コピープロテクション)で保護された著作物を、この技術的保護手段をはずして複製したり、違法にアップロードされた音楽、映像、漫画等を、**違法アップロードされた著作物と知りながらダウンロード**する行為は複製権の侵害となります。

3 著作物の写り込み

個人的に撮影した写真やビデオ等に、**他人の著作物が写り込んだ場合**、一定の要件を満たせば、その著作物を利用することができます。

具体的には、その写り込んだ著作物を写真等から**分離することが困難**で、その写り込んだ著作物が写真において**軽微な構成部分**である場合等は、その著作物を利用することができます。

4 引用

公表された著作物は、次の一定の要件を満たせば、著作権者の**承諾なしに引用して利用**することができます。

頻出!
第44回学科問24ウ
第43回学科問21
第43回実技問7,8イ
第42回学科問2
第41回実技問9,10

重要

①公表された著作物であること

未公表の著作物を利用した場合は、引用とはならず、著作権を侵害することになります。

②公正な慣行に合致すること

③報道、批評、研究その他の引用の目的上正当な範囲内であること

5 教育機関における複製等、試験問題としての複製等

営利を目的としない学校や教育機関では、**授業で利用することを目的とする**場合には、必要と認められる限度において、公表された著作物を複製等することができます。

また**入学試験等の目的上必要と認められる限度**において、**公表**された著作物を試験問題として複製等することができます。

なお、これらの複製等の行為が著作権者の利益を不当に害する場合には、複製権等の侵害となります。

6 営利を目的としない上演等

公表された著作物は、①**営利を目的とせず**、②**観客等から料金を徴収せず**、③**上演等する者に報酬を支払わない場合**には、公に上演等しても侵害となりません。

例えば、学校の学芸会は、営利を目的とせず、入場者から料金を徴収せず、演じている生徒にも報酬は支払われないため、上演権の侵害となりません。

7 美術の著作物等の原作品の所有者による展示

美術の著作物若しくは写真の著作物の**原作品の所有者等**は、原則として、これらの著作物をその原作品により公に展示することができます。

過去問でチェック！

次の記述は正しいか、誤っているか？

1. 出版社Xが発行する雑誌に掲載された、自身が経営するカフェを紹介する記事を、カフェの入口にコピーして掲示することは著作権法上問題とはならない。

2. 非営利団体が主催する有料のイベントで、劇作家甲が書いた演劇を、大学生が無償で上演する場合、甲の許諾を得る必要はない。

解答・解説

正解：1×（第40回実技問7・8改題）、2×（第40回実技問9・10改題）

1. X社が著作者であるため、記事Aをコピーする行為はX社の複製権を侵害します。
2. 公表された著作物は、営利を目的とせず、かつ、聴衆又は観衆から料金を受けない場合には、公に上演等することができますが、本問では、有料のイベントであることから甲の許諾を得る必要があります。

重要度 ★★★★

10 著作者の権利の存続期間

著作権の存続期間は70年である。ただし、著作物によって、その期間の開始の時期が異なる。

頻出!
第44回学科問10
第44回実技問17
第43回学科問6イ
第42回学科問17
第41回学科問25

1 著作者人格権の存続期間

著作者人格権は著作者の一身に専属するため、**著作者が亡くなったとき**に権利が消滅します。法人の場合は解散したときです。

なお、著作者が亡くなったからといって、その著作物の著作者人格権を**侵害してよいわけではありません**。

2 著作権の存続期間

著作権の存続期間は、**著作物の創作**の時に始まります。そして、著作権の存続期間(保護期間)は**70年**ですが、その期間の開始の時期は、著作物によって異なります。

①実名の著作物

重要

著作権の存続期間は、**著作者の死後70年**です。なお、**共同著作物**の著作権の存続期間は**最後に**死亡した著作者の**死後70年**です。

②無名又は変名の著作物

著作権の存続期間は、原則として、**公表後**70年です。

但し、その存続期間の満了前にその著作者の死後70年を経過していると認められる場合、存続期間はその著作者の死後70年です。

③団体名義の著作物、映画の著作物

重要

著作権の存続期間は、原則として、**公表後**70年です。但し、著作物が**創作後70年以内に公表されなかったときは、**その**創作後**70年です。

なお、上記①～③の著作物に係る著作権の存続期間は、著作者の死亡、著作物の公表又は創作の日の**それぞれ属する年の翌年1月1日から起算されます。**

[著作権の存続期間]

著作物	存続期間	
	原則	例外
実名	著作者の死後70年	―
無名又は変名	著作物の公表後70年	著作者の死後70年
団体名義、映画	著作物の公表後70年	著作物の創作後70年

過去問でチェック!

次の記述は正しいか、誤っているか？

■ 著作者がわからない彫刻の著作物の著作権の存続期間は、著作権の登録をした日の属する年の翌年1月1日から起算する。

解答・解説

正解：×（第40回学科問19改題）

無名又は変名の著作物の著作権の存続期間は、原則として、著作物が公表された日の属する年の翌年1月1日から起算します。

重要度 ★★★

11 著作者の権利の譲渡と登録

著作権は、譲渡できる。著作者人格権は、譲渡できない。

1 著作者人格権の譲渡

著作者人格権は著作者の一身に専属するため、**譲渡することができません。**

2 著作権の譲渡

重要

著作権者は、著作権を**譲渡をすること**ができます。

著作権をまとめて譲渡することも、**一部の権利についてのみ**譲渡することもできます。

Point
共同著作物の著作権等、著作権が共有されている場合には、他の共有者の同意を得なければ自分の持分を譲渡できません。

3 著作者の権利の登録

著作者は著作者の権利を登録することができます。しかし、著作者は著作者の権利を享有し、その享有にはいかなる方式の履行をも要しません。

重要

つまり、**著作権を登録しなくても著作物の創作と同時に権利が発生し、著作者に権利が帰属します。**

過去問でチェック！

次の記述は正しいか、誤っているか？

□ 著作者が著作者人格権を有するためには、文化庁への登録が必要である。

解答・解説

正解：×（第38回学科問5改題）

著作権法上の登録制度は、権利取得のためのものではありません。

重要度 ★★★★

12 著作隣接権

著作隣接権には、①実演家の権利、②レコード製作者の権利、③放送事業者の権利、④有線放送事業者の権利がある。

頻出！
第44回学科問1
第44回学科問27
第44回学科問30
第43回学科問6ア,ウ
第43回学科問16
第42回学科問22
第42回学科問29
第41回学科問5

1 著作隣接権

著作隣接権とは、創作された著作物を公衆に伝達する者に対して与えられる権利です。著作隣接権を有するのは、**実演家**、**レコード製作者**、**放送事業者**、**有線放送事業者**です。

実演家等は著作隣接権を享有し、その享有には**いかなる方式の履行をも要しません**。つまり、著作者の権利と同様、**登録を必要としません**。

実演家等は、著作隣接権のうち後述する実演家人格権以外の権利を譲渡することができます。

2 実演家の権利

実演家とは、俳優、舞踊家、演奏家、歌手その他実演を行う者及び実演を指揮し、又は演出する者です。

実演家には**実演家人格権**と実演家の著作隣接権が帰属します。

Point
著作隣接権を享有する者のうち、人格権を有するのは実演家のみです。

①実演家人格権

重要
実演家は実演家人格権として、**氏名表示権**と**同一性保持権**を有します。実演家人格権に**公表権はありません**。

著作者人格権と同様に、これらの権利も実演家の一身に専属し、**譲渡することはできません**。

②実演家の著作隣接権

実演家には、次の6つの権利が帰属します。

⑴録音権及び録画権
⑵放送権及び有線放送権
⑶送信可能化権
⑷譲渡権
⑸貸与権
⑹商業用レコードの二次使用に関する使用料請求権

この権利の存続期間は、**その実演を行った時**に始まり、**実演が行われた日の属する年の翌年から70年**経過時に満了します。

3 レコード製作者の権利

レコード製作者とは、レコードに固定されている音を**最初に固定した者**です。この「音」には波の音等、著作物に該当しない音も含まれます。

Point
演奏者自身ではなく演奏を録音した者が、レコード製作者の権利を有します。

レコード製作者には、次の５つの権利が帰属します。
⑴**複製権**
⑵送信可能化権
⑶譲渡権
⑷貸与権
⑸商業用レコードの二次使用に関する使用料請求権

この権利の存続期間は、**その音を最初に固定した時**に始まり、**レコードの発行が行われた日の属する年の翌年から70年**経過時に満了します。但し、その音が最初に固定された日の属する年の翌年から起算して70年経過時までの間に発行されなかったときは、その音が最初に固定された日の属する年の翌年から70年経過時に、存続期間が満了します。

4 放送事業者の権利

放送事業者とは、放送を業として行う者です。

放送事業者には次の４つの権利が帰属します。

⑴複製権

⑵再放送権及び有線放送権

⑶送信可能化権

⑷テレビジョン放送の伝達権

この権利の存続期間は、その放送を行った時に始まり、**放送が行われた日の属する年の翌年から50年**経過時に満了します。

5 有線放送事業者の権利

有線放送事業者とは、有線放送を業として行う者です。

有線放送事業者には、次の４つの権利が帰属します。

⑴複製権

⑵放送権及び再有線放送権

⑶送信可能化権

⑷有線テレビジョン放送の伝達権

この権利の存続期間は、その有線放送を行った時に始まり、**有線放送が行われた日の属する年の翌年から50年**です。

[著作隣接権の存続期間]

	存続期間の終期の起算点		期間
	原則	例外	
実演	実演	ー	70年
レコード	発行	その音の最初の固定	70年
放送	放送	ー	50年
有線放送	有線放送	ー	50年

[著作権法に規定されている権利の種類]

著作者の権利

- 著作者人格権
  - ・公表権
  - ・氏名表示権
  - ・同一性保持権
- 著作権（財産権）
  - ・複製権等
  （「6～8 著作権」参照）

著作隣接権（広義）

- 実演家人格権
  - ・氏名表示権
  - ・同一性保持権
  - ※公表権はない
- 著作隣接権（財産権）
  - ・実演家の権利
  - ・レコード製作者の権利
  - ・放送事業者の権利
  - ・有線放送事業者の権利

過去問でチェック！

次の記述は正しいか、誤っているか？

□ 自身で映像制作を行い販売しようとしているDVDの音源として、市販のCDに収録されている音を複製して使用することは、著作権法上問題とはならない。

解答・解説

正解：×（第39回実技問20改題）

レコード製作者は、そのレコードを複製する権利を専有するため、本問の複製行為はレコード製作者の複製権を侵害します。

重要度 ★★★

13 著作権の侵害とその対応

著作権法に特有の規定として、名誉回復措置請求がある。

1 権利の侵害

例えば、「引用」等の著作権の制限に該当しない場合に、著作権者の許諾なく著作物を複製すると、著作権(複製権)の侵害となります。

また、著作者の意に反して、その著作物を改変すると、著作者人格権(同一性保持権)の侵害となります。

2 著作権を侵害された場合

条文でCheck!
〔著作権法112条〕
著作者、著作権者、出版権者、実演家又は著作隣接権者は、その著作者人格権、著作権、出版権、実演家人格権又は著作隣接権を侵害する者又は侵害するおそれがある者に対し、その侵害の停止又は予防を請求することができる。

著作権を侵害された場合、著作権者は次の救済措置を受けることができます。

(1)差止請求
(2)損害賠償請求
(3)不当利得返還請求
(4)刑事上の救済

なお、出版権、著作隣接権を侵害された場合、出版権者、著作隣接権者も同様の救済措置を受けることができます。

3 著作者人格権等を侵害された場合

著作者人格権を侵害された場合、著作者は次のような救済措置を受けることができます。

⑴差止請求
⑵損害賠償請求
⑶不当利得返還請求
⑷名誉回復措置の請求
⑸刑事上の救済

なお、実演家人格権を侵害された場合、実演家も同様の救済措置を受けることができます。

また、著作者や実演家が亡くなった後であっても、著作者等が生存していればその著作者人格権の侵害になる行為はすることができません。このような行為をする者等に対し、著作者等の遺族は、上記の救済措置を受けることができます。

Point
名誉回復措置の請求は、著作権法に特有の規定です。

過去問でチェック！

次の記述は正しいか、誤っているか？

□ 著作権等が侵害された場合に著作権者等は名誉回復の措置の請求をし得る。

解答・解説

正解：○（第40回学科問5改題）

著作者又は実演家は、故意又は過失によりその著作者人格権又は実演家人格権を侵害した者に対し、名誉回復の措置を請求することができます。

<テキスト編>

第6章

その他知的財産に関する法律

特許法等以外にも、知的財産に関する法律として、事業者間の公正な競争を確保するための不正競争防止法、不公正な取引方法等を排除するための独占禁止法、植物の新品種を保護するための種苗法、弁理士の業務等を定めた弁理士法、契約等について定めた民法等があります。

重要度★★

1 不正競争防止法

主な不正競争行為について理解する。

1 不正競争防止法

不正競争防止法は、事業者間の公正な競争及びこれに関する国際約束の的確な実施を確保するための法律です。

不正な競争によって営業上の利益が害された場合には、不正競争を防止し、不正競争に係る損害賠償に関する措置等を講じることで、**国民経済の健全な発展**に寄与します。

Point
不正競争防止法では、商標登録を条件とせずに不正競争行為に対する保護を受けることができます。

2 主な不正競争行為

①周知表示混同惹起(じゃっき)行為

重要

他人の「周知」な商品等表示と同一又は類似の商品等表示を使用等することによって、**他人の商品又は営業**と**「混同」を生じさせる行為**です。

Point
周知表示混同惹起行為、著名表示冒用行為、商品形態模倣行為のうち、「混同」を要件とするのは、周知表示混同惹起行為のみです。

商品等表示とは、業務に係る氏名、**商号**、商標、標章、容器、包装、看板、テーマソング等をいい、**商品の形態**も商品等表示に該当します。

②著名表示冒用行為

他人の「著名」な商品等表示と同一又は類似の商品等表示を使用等する行為です。

③商品形態模倣行為

重要

他人の商品の形態を**模倣**して、それを**販売**等することです。但し、**日本国内**で**最初に販売した日**から、**3年**を経過した商品についての行為は該当しません。

Point
他人の商品の形態を模倣した商品を開発することは、商品形態模倣行為には該当しません。

④営業秘密に関する不正競争行為

営業秘密を、不正に取得、使用、開示等する行為が該当します。

⑤限定提供データに関する不正競争行為

ビッグデータ等の限定提供データを不正に取得する行為、その不正に取得した限定提供データを使用したり、開示する行為です。

Point
限定提供データとは、相手を限定して業として提供するデータであり、電磁的方法により相当量蓄積され、かつ、管理されている技術上又は営業上の情報をいいます。但し、秘密として管理されている情報は除かれます。

⑥技術的制限手段回避装置に関する不正競争行為

技術的制限手段の効果を妨げる装置や、プログラムを譲渡等する行為です。

⑦原産地等誤認惹起行為

商品等の**原産地**や**品質**、製造方法等を誤認させるような表示等する行為です。

⑧競争者営業誹謗行為

競争関係にある他人の営業上の信用を害する虚偽の事実を告知又は流布する行為です。

⑨ドメイン名の不正取得

不正の利益を得る目的、又は他人に損害を与える目的で、他人の特定商品等表示と同一又は類似のドメイン名を使用する権利を取得等する行為です。

●補足●
「特定商品等表示」とは、人の業務に係る氏名、商号、商標、標章その他の商品又は役務を表示するものをいいます。

3 不正競争行為が行われた場合

特許権が侵害された場合等と同様の対応をとることができます。

過去問でチェック！

次の記述は正しいか、誤っているか？

他人の商品の形態を模倣した商品を譲渡する行為は、他人の商品等と混同を生じさせることを要件とする行為に該当する。

解答・解説

正解：×（第40回学科問14改題）
商品形態模倣行為については、他人の商品等と混同を生じさせることは要件とされていません。

重要度 ★★

2 独占禁止法

独占禁止法上問題となる行為を理解する。特に不公正な取引方法に該当する行為を把握する。

1 独占禁止法

独占禁止法(私的独占の禁止及び公正取引の確保に関する法律)は、公正かつ自由な競争を確保するために、不当な取引等を制限して、経済の健全な発展を促すための法律です。

Point
独占禁止法の運用機関は公正取引委員会です。

2 独占禁止法違反となる行為

次のような行為が、独占禁止法に違反する行為に該当します。

①私的独占

私的独占とは、事業者が他の事業者の事業活動を排除又は支配し、公共の利益に反して、一定の取引分野における競争を実質的に制限する行為をいいます。

例えば、不当な低価格販売等の手段を用いて競争相手を市場から排除したり、新規参入を妨害して市場を独占する行為です。

②不当な取引制限

不当な取引制限とは、**他の事業者と共同して対価を決定**等することにより、公共の利益に反して、一定の取引分野における競争を実質的に制限することをいいます。

例えば、**カルテル**が不当な取引制限に該当します。カルテルとは、市場支配を目的に、2つ以上の事業者が、**価格や販売数量等を制限する合意**等を結ぶことをいいます。

Point
業界の同業者があつまって、特定の技術に関する権利を一括管理する仕組みのことをパテントプールといいます。このような一括管理をすることは、直ちに不当な取引制限に該当するものではありません。

③不公正な取引方法

不公正な取引方法とは、以下に該当する行為等をいいます。

重要

i) ライセンサーがライセンスに係る製品の**販売価格を制限する**行為

ii) ライセンシーが開発した改良技術について、**ライセンサーにその権利を帰属させる義務**、又はライセンサーに**独占的ライセンスをする義務を課す**行為

iii) ライセンサーがライセンシーに対して、ライセンス技術に係る権利が消滅した後においても、この技術を利用することを制限する、又は**ライセンス料の支払義務を課す**行為

iv) 事業者が競争者と共同して、ある事業者に対し**供給を拒絶**する行為

これに対して、以下の行為は不公正な取引制限に該当しません。

i) ライセンサーがライセンスの**地域、期間を制限**する行為

ii) **共同研究開発の成果の第三者への実施許諾を制限**する行為

独占禁止法に違反する場合、特許権等に基づく権利行使をすることはできません。

なお、独占禁止法に違反する事実が認められた場合、公正取引委員会は、排除措置命令、課徴金納付命令を出すことができます。

過去問でチェック！

次の記述は正しいか、誤っているか？

□ 特許ライセンス対象特許権の存続期間の満了後もロイヤルティを要求する行為は、独占禁止法に違反するおそれが低い。

解答・解説

正解：×（第39回学科問11改題）

技術に係る権利が消滅した後においてもライセンス料の支払義務を課す行為は、原則として、不公正な取引方法に該当します。

重要度 ★★★

3 種苗法

農林水産業の発展のための法律である。特に、品種登録要件、権利の存続期間を理解する。

Point
特許法においても植物の新品種は保護されます。

1 種苗法

種苗法は、新品種を保護するための品種登録に関する制度です。指定種苗の表示に関する規制等について定めることにより、品種の育成の振興と種苗の流通の適正化を図り、農林水産業の発展に寄与することを目的としています。

Point
種苗法では、特許法のような新規性・進歩性の要件はありません。

2 品種登録要件

新品種を育成した場合、その品種について農林水産大臣に品種登録出願を行い、出願が登録要件を満たせば、育成者権を取得できます。

出願が行われると、遅滞なく公表され、審査が始まります。

品種登録のための主な要件は、次の通りです。

頻出！
第44回実技問20
第42回学科問9
第41回学科問13

重要

①区別性

品種登録出願前に日本国内又は外国で公然知られた他の品種と**特性の全部又は一部によって明確に区別**できること

②均一性

同一の繁殖の段階に属する植物体のすべてが特性の**全部**において**十分に類似**していること

③安定性

繰り返し繁殖させた後においても**特性の全部が変化しない**こと

重要

④未譲渡性

出願品種の種苗又は収穫物が、日本国内において**品種登録出願の日**から**1年**(**外国**においては**4年**)さかのぼった日より**前**に業として**譲渡**されていないこと

3 育成者権

育成者権を有する者は、**登録品種**と、**その登録品種と特性により明確に区別されない品種**を、業として独占的に利用できます。

育成者権の存続期間は、**品種登録の日**から**25年**です。

育成者権は**譲渡することができます**。

4 育成者権の効力が及ばない範囲

次のⅰ)～ⅲ)に該当する行為には、育成者権の効力が及びません。

ⅰ)新品種の育成その他の**試験又は研究**のためにする品種の利用
ⅱ)登録品種の育成をする方法についての**特許に係る方法**により、登録品種の種苗等を生産、譲渡等する行為
ⅲ)育成者権者等により**譲渡された**登録品種等の種苗、収穫物又は加工品の利用

過去問でチェック!

次の記述は正しいか、誤っているか？

□ その分野の通常の知識を有する者であれば容易に育成することができる品種については、品種登録を受けることができない。

解答・解説

正解：×（第38回実技問16改題）

特許法等における、進歩性と同様の要件は種苗法では課されません。

重要度 ★★

4 弁理士法・民法

弁理士の独占業務は、特許出願等の特許庁における手続等である。
民法上の契約について理解する。

1 弁理士の独占業務

次の業務は弁理士の独占業務であり、弁理士以外の者が報酬を得て行うことはできません。

ⅰ）**特許、実用新案、意匠、商標、国際出願等**に関する**特許庁における手続**についての代理

ⅱ）特許、実用新案、意匠、商標に関する行政不服審査法の規定による審査請求や裁定に関する経済産業大臣に対する手続についての代理

ⅲ）上記の手続きに係る事項に関する鑑定等

Point
弁理士法人は、その法人名義で特許出願等の代理をすることができます。

2 独占業務でないこと

弁理士以外でもできる業務としては、以下のものが例示されます。

ⅰ）**特許料や登録料の納付**

ⅱ）**特許原簿等への登録申請手続**

ⅲ）特許、実用新案、意匠、商標、著作物等に関する権利に関する事件の**裁判外紛争解決手続**についての代理

ⅳ）特許、実用新案、意匠、商標、著作物等に関する権利若しくは技術上の秘密若しくは技術上のデータの**売買契約**、**通常実施権の許諾に関する契約**その他の契約の締結の代理若しくは媒介等

Point
弁理士は、単独で特定侵害訴訟の代理人となることができません。「特定侵害訴訟」とは、特許権等の侵害に係る訴訟をいいます。
これに対して、単独で審決取消訴訟の代理人となることはできます。

3 民法と知的財産権

民法は、財産権等に関する法律です。知的財産権は、財産権ですので、特許法等の知的財産法に記載がない事項については、民法の適用を受けます。

Point
特に、ライセンス契約の場面や、権利の侵害の場面において、民法が適用されます。

4 民法上の契約

①成立要件

民法上、契約は、当事者間の「申し込み」と「承諾」の意思表示が合致することによって成立します。

Point
書面でも、口約束でも有効な契約として成立します。

②有効な契約

契約書は、契約の証拠となります。なお、契約時のハンコは実印、認印等を問いません。契約が有効に成立するためには、当事者が次の要件を満たす必要があります。

ⅰ)行為能力があること

未成年者等は、法定代理人の同意がなければ、単独で有効な契約ができません。

ⅱ)意思表示に瑕疵がないこと

錯誤、詐欺、強迫による意思表示は、瑕疵があるため、取り消すことができます。

ⅲ)契約内容が確定でき、実現可能で社会的妥当性のあること

5 契約内容が履行されない場合（債務不履行）

契約内容が履行されないことを、債務不履行といいます。債務不履行の場合には、契約の解除、損害賠償請求、強制履行等の措置をとることができます。なお、自力救済をすることはできません。

「強制履行」とは、債務者が債務を履行しない場合、債権者が裁判所に訴えて、国家権力により強制的に履行させることです。
「自力救済」とは、権利者が、公権力の力を借りずに自らの実力で権利を実現することです。

過去問でチェック！

次の記述は正しいか、誤っているか？

□ 弁理士は、自己が出願について代理した特許権に限り、単独で特許権のライセンス契約に関する交渉の代理人になることができる。

解答・解説

正解：×（第38回学科問3改題）
弁理士は、特許の通常実施権の許諾に関する契約の締結の代理を行うことができ、また、自己が出願について代理した特許権に限られません。

<過去問編>

第44回
知的財産管理技能検定®

3級 学科試験

[問題と解答]

(はじめに)

すべての問題文の条件設定において，特に断りのない限り，他に特殊な事情がないものとします。また，各問題の選択肢における条件設定は独立したものと考え，同一問題内における他の選択肢には影響しないものとします。

特に日時の指定のない限り，2022年9月1日現在で施行されている法律等に基づいて解答しなさい。

解答は，選択肢ア～ウの中から1つ選びなさい。

問1

Check! □□□

ア～ウを比較して，著作隣接権に関して，最も不適切と考えられるものはどれか。

ア 著作隣接権の享有には，いかなる方式の履行をも要しない。

イ 実演家の著作隣接権の存続期間は，その実演を録音・録画した時に始まる。

ウ 著作隣接権を享有する者のうち，実演家以外には著作権法上の人格権が認められていない。

問2

Check! □□□

ア～ウを比較して，特許出願に係る書類の記載要件に関する次の文章の空欄 [1] に入る語句として，最も適切と考えられるものはどれか。

特許権は発明を公開したことへの代償として付与されるものであるから，[1] の記載要件として，その発明の属する技術分野における通常の知識を有する者がその発明を実施することができる程度に明確かつ十分に記載したものでなければならないとされている。

ア 発明の詳細な説明

イ 要約書

ウ 図面

問1解答・解説 正解：イ

ア ○　適切です。

問題文の通りです(著作権法89条5項)。なお、「享有」とは、権利･能力等を、人が生まれながら身につけて持っていることです。つまり同項は、著作隣接権を有するために、登録等が不要ということを意味しています。

イ ×　適切ではありません。

実演家の著作隣接権の存続期間は、その実演を行った時に始まります(著作権法101条1項1号)。

ウ ○　適切です。

著作権法上、実演家人格権については規定されていますが(著作権法89条1項)、実演家以外に人格権を認める規定はありません。

問2解答・解説 正解：ア

ア ○　適切です。

発明の詳細な説明の記載は、経済産業省令で定めるところにより、その発明の属する技術の分野における通常の知識を有する者がその実施をすることができる程度に明確かつ十分に記載したものでなければならないことが規定されています(特許法36条4項1号)。

イ ×　適切ではありません。

アに記載の通りです。

ウ ×　適切ではありません。

アに記載の通りです。

問3

Check! □□□

ア～ウを比較して，著作権法における譲渡の対象となる権利として，最も不適切と考えられるものはどれか。

ア 頒布権

イ 翻案権

ウ 同一性保持権

問4

Check! □□□

ア～ウを比較して，意匠法に関して，最も適切と考えられるものはどれか。

ア 意匠登録出願は，経済産業省令で定める物品の区分により意匠ごとにしなければならない。

イ 意匠権の存続期間は，意匠権の設定登録の日から10年である。

ウ 独立して取引の対象とはならない物品の部分について，意匠登録出願をすることができる。

問3 解答・解説 -正解：ウ

ア ○　適切です。

著作権は、その全部又は一部を譲渡することができます(著作権法61条1項)。ここで、頒布権は著作権として規定されています(同法26条1項)。

イ ○　適切です。

アに記載の通り、著作権は、その全部又は一部を譲渡することができます(著作権法61条1項)。ここで、翻案権は著作権として規定されています(同法27条)。

ウ ×　適切ではありません。

著作者人格権は、著作者の一身に専属し、譲渡することができません(著作権法59条)。ここで、同一性保持権は、著作者人格権として規定されています(同法20条1項)。「一身に専属」とは、特定の者のみに帰属し、他者に移転しないことを意味します。

問4 解答・解説 -正解：ウ

ア ×　適切ではありません。

「意匠登録出願は、経済産業省令で定めるところにより、意匠ごとにしなければならない」と規定されています(意匠法7条)。なお、令和3年4月より施行された令和元年改正意匠法においてこのように規定されました。

イ ×　適切ではありません。

意匠権の存続期間は、意匠登録出願の日から25年です(意匠法21条1項)。なお、令和2年4月より施行された令和元年改正意匠法においてこのように規定されました。

ウ ○　適切です。

意匠法の保護対象となる「意匠」について、物品の部分を含むものとして規定されています(意匠法2条1項かっこ書)。これを部分意匠といい、部分意匠が導入されたのは、従来、意匠法2条の「物品」とは、独立した製品として流通するものと解されていたことから、独立した製品として取引の対象とされず、流通をしない物品の部分に係る意匠は、意匠法の保護対象とはされていなかったという問題を解消するためです。例えば、くつ下のかかと部分等が物品の部分に該当します。

問5　Check! □□□

ア～ウを比較して，弁理士法上，弁理士が他人の求めに応じ報酬を得て行うことができる独占業務とされているものとして，最も適切と考えられるものはどれか。

ア 特許出願の手続

イ 特許原簿への登録申請手続

ウ 特許料の納付手続

問6　Check! □□□

ア～ウを比較して，商標登録等に関して，最も適切と考えられるものはどれか。

ア 音商標，位置商標，動き商標について商標登録を受けることができる。

イ「特定農林水産物等の名称の保護に関する法律」に基づいて保護を受けるためには，特許庁に出願しなければならない。

ウ 商標掲載公報発行の日から６カ月以内でなければ，登録異議の申立てをすることができない。

問5 解答・解説 正解：ア

ア ○　適切です。

「弁理士又は弁理士法人でない者は、他人の求めに応じ報酬を得て、特許、実用新案、意匠若しくは商標若しくは国際出願、意匠に係る国際登録出願若しくは商標に係る国際登録出願に関する特許庁における手続についての代理…(特許料の納付手続についての代理、特許原簿への登録の申請手続についての代理その他の政令で定めるものを除く。)…を業とすることができない」と規定されています(弁理士法75条)。弁理士でない者が業とすることができないということは、すなわち弁理士の独占業務ということになります。したがって、特許に関する特許庁における手続、つまり特許出願の手続は、弁理士の独占業務です。

イ ×　適切ではありません。

アに記載の通り、特許原簿への登録申請手続については、弁理士の独占業務から除かれています(弁理士法75条かっこ書)。

ウ ×　適切ではありません。

アに記載の通り、特許料の納付手続については、弁理士の独占業務から除かれています(弁理士法75条かっこ書)。

問6 解答・解説 正解：ア

ア ○　適切です。

商標法5条4項には、経済産業省令で定める商標について商標登録を受けようとする場合の出願手続について規定されており、同項の経済産業省令で定める商標として、音商標(商標法施行規則4条の8第1項5号)、位置商標(同項6号)、及び動き商標(同項1号)が規定されています。なお、他にホログラム商標(同項2号)、立体商標(同項3号)、色彩のみからなる商標(同項4号)が規定されています。

イ ×　適切ではありません。

このような規定はありません。なお、生産工程管理業務を行う生産者団体は、明細書を作成した農林水産物等が特定農林水産物等であるときは、当該農林水産物等について農林水産大臣の登録を受けることができます(特定農林水産物等の名称の保護に関する法律(以下、地理的表示法と略記)6条)。

ウ ×　適切ではありません。

商標掲載公報の発行の日から2カ月以内に限り、登録異議の申立てをすることができます(商標法43条の2第1項柱書)。なお、特許については、特許掲載公報の発行の日から6カ月以内に限り、特許異議の申立てをすることができます(特許法113条柱書)。

問7

Check! □□□

ア～ウを比較して，著作物に関して，最も適切と考えられるものはどれか。

ア　著作物とは，思想又は感情を創作的に表現したものであって，文芸，学術，美術又は音楽の範囲に属するものをいう。

イ　著作物とは，思想又は感情を創作的に表現したものであって，公然と知られていないものをいう。

ウ　著作物とは，思想又は感情を創作的に表現したものであって，物に固定されているものをいう。

問8

Check! □□□

ア～ウを比較して，商標権の存続期間の更新登録の申請に関する次の文章の空欄 1 に入る語句として，最も適切と考えられるものはどれか。

商標権の存続期間の更新登録の申請ができる期間は，商標権の存続期間の満了前 1 から満了の日までである。

ア　6カ月

イ　1年

ウ　1カ月

問7 解答・解説 正解：ア

ア ○　適切です。
著作物の定義については、問題文の通りです(著作権法2条1項1号)。

イ ×　適切ではありません。
アに記載の通りです。

ウ ×　適切ではありません。
アに記載の通りです。

問8 解答・解説 正解：ア

ア ○　適切です。
更新登録の申請は、商標権の存続期間の満了前6カ月から満了の日までの間にしなければなりません(商標法20条2項)。

イ ×　適切ではありません。
アに記載の通りです。

ウ ×　適切ではありません。
アに記載の通りです。

問9

Check! □□□

ア～ウを比較して，特許出願に対する出願審査請求に関して，最も<u>不適切</u>と考えられるものはどれか。

ア 特許出願人は，特許出願と同時に出願審査請求をすることができる。

イ 特許出願について，出願審査請求が出願日から３年以内にされなかった場合には，その特許出願は取り下げたものとみなされる。

ウ 特許出願人は，出願公開前であれば出願審査請求を取り下げることができる。

問10

Check! □□□

ア～ウを比較して，著作権の存続期間に関する次の文章の空欄［ 1 ］～［ 2 ］に入る語句の組合せとして，最も適切と考えられるものはどれか。

共同著作物の著作権は，［ 1 ］死亡した著作者の死後，［ 2 ］を経過するまで存続する。

ア ［ 1 ］＝最終に　［ 2 ］＝50年

イ ［ 1 ］＝最初に　［ 2 ］＝70年

ウ ［ 1 ］＝最終に　［ 2 ］＝70年

問9 解答・解説 正解：ウ

ア ○　適切です。

特許出願があったときは、何人も、その日から3年以内に、特許庁長官にその特許出願について出願審査の請求をすることができます（特許法48条の3第1項）。ここで、「その日」とは特許出願日のことであり、出願審査請求をすることができる時期として特許出願日が含まれるため、特許出願と同時に出願審査請求をすることができます。

イ ○　適切です。

出願審査の請求をすることができる期間内に出願審査の請求がなかったときは、特許出願は取り下げたものとみなされます（特許法48条の3第4項）。ここで、「出願審査の請求をすることができる期間内」とは、アに記載の通り、特許出願日から3年以内です（同条1項）。

ウ ×　適切ではありません。

出願審査の請求は、取り下げることができません（特許法48条の3第3項）。本規定についてはいかなる例外規定もありません。

問10 解答・解説 正解：ウ

ア ×　適切ではありません。

著作権は、共同著作物にあっては、最終に死亡した著作者の死後70年を経過するまでの間、存続します（著作権法51条2項、及び同項かっこ書）。

イ ×　適切ではありません。

アに記載の通りです。

ウ ○　適切です。

アに記載の通りです。

問11

Check! □□□

ア～ウを比較して，不正競争防止法における限定提供データに関する次の文章の空欄［ 1 ］～［ 3 ］に入る語句の組合せとして，最も適切と考えられるものはどれか。

限定提供データとは，業として特定の者に提供する情報として［ 1 ］により［ 2 ］され，及び管理されている技術上又は営業上の情報（［ 3 ］を除く。）をいう。

ア ［ 1 ］＝情報通信手段 ［ 2 ］＝公開
　［ 3 ］＝公然と知られているもの

イ ［ 1 ］＝電磁的方法 ［ 2 ］＝相当量蓄積
　［ 3 ］＝秘密として管理されているもの

ウ ［ 1 ］＝技術的手段 ［ 2 ］＝蓄積
　［ 3 ］＝事業活動に有用でないもの

問12

Check! □□□

ア～ウを比較して，意匠登録の要件に関して，最も適切と考えられるものはどれか。

ア 意匠登録出願後から意匠登録前までの間に日本国内において公然知られた形状等に基づいて当業者が容易に創作することができた意匠については，意匠登録を受けることができない。

イ 新規性喪失の例外規定の適用を受けるためには，出願に係る意匠が公然知られた日から30日以内に意匠登録出願をしなければならない。

ウ 意匠登録出願前に外国において公然知られた意匠に類似する意匠については，新規性を有しないことを理由として意匠登録を受けることができない。

問11 解答・解説 -正解：イ

ア × 適切ではありません。

「限定提供データ」とは、業として特定の者に提供する情報として電磁的方法により相当量蓄積され、及び管理されている技術上又は営業上の情報(秘密として管理されているものを除く)のことをいいます(不正競争防止法2条7項)。なお、限定提供データは、ビッグデータ等を念頭に、事業者等が取引等を通じて特定の者に提供する情報を想定して、平成30年の法改正により規定されました。

イ ○ 適切です。

アに記載の通りです。

ウ × 適切ではありません。

アに記載の通りです。

問12 解答・解説 -正解：ウ

ア × 適切ではありません。

①意匠登録出願前に②その意匠の属する分野における通常の知識を有する者(いわゆる当業者)が③日本国内又は外国において④公然知られ、頒布された刊行物に記載され、又は電気通信回線を通じて公衆に利用可能となった⑤形状等又は画像に基づいて⑥容易に意匠の創作をすることができたときは、その意匠については、意匠登録を受けることができません(意匠法3条2項)。本問では、①の要件を満たさないので、意匠登録を受けることができます。

イ × 適切ではありません。

新規性喪失の例外規定の適用を受けるためには、出願に係る意匠が公然知られた日から1年以内に意匠登録出願をしなければなりません(意匠法4条1項、及び同条2項)。

ウ ○ 適切です。

意匠登録出願前に日本国内又は外国において公然知られた意匠に類似する意匠については、新規性を有しないことを理由に意匠登録を受けることができません(意匠法3条1項3号)。

問13

Check! □□□

ア〜ウを比較して，種苗法に基づく品種登録制度に関して，最も適切と考えられるものはどれか。

ア 育成者権の存続期間は，品種登録の日から起算される。

イ 日本国では，植物の新品種については特許法では保護されないため，種苗法による保護が規定されている。

ウ 品種登録出願がされると，出願日から1年経過後に出願公表される。

問14

Check! □□□

ア〜ウを比較して，同一の発明について同日に二つの特許出願があったときについて，最も適切と考えられるものはどれか。

ア 特許出願人の協議により定めた特許出願人のみが特許を受けることができるが，協議が成立せず，又は協議をすることができないときには，いずれの特許出願人も特許を受けることができない。

イ 先に発明を完成した特許出願人が特許を受けることができる。

ウ 特許庁長官が行う公正な方法によるくじにより定めた特許出願の特許出願人が特許を受けることができる。

問13 解答・解説 正解：ア

ア ○　適切です。

育成者権の存続期間は、品種登録の日から25年です(種苗法19条2項)。

イ ×　適切ではありません。

発明とは「自然法則を利用した技術的思想の創作のうち高度のもの」と規定され(特許法2条1項)、発明から植物を除外する例外規定はありません。したがって、植物の新品種について、特許法でも保護されます。

ウ ×　適切ではありません。

農林水産大臣は、品種登録出願を受理したときは、遅滞なく、その品種登録出願について出願公表をします(種苗法13条1項柱書)。

問14 解答・解説 正解：ア

ア ○　適切です。

問題文の通りです。つまり、同一の発明について同日に2以上の特許出願があったときは、特許出願人の協議により定めた一の特許出願人のみがその発明について特許を受けることができますが、協議が成立せず、又は協議をすることができないときは、いずれも、その発明について特許を受けることができません(特許法39条2項)。

イ ×　適切ではありません。

アに記載の通りです。

ウ ×　適切ではありません。

特許庁長官は、アの状況に該当する場合、相当の期間を指定して、協議をしてその結果を届け出るべき旨を出願人に命じ(特許法39条6項)、届出がないときは、協議が成立しなかったものとみなすことができます(同条7項)。つまり、この場合、いずれの特許出願人も特許を受けることができません。なお、商標法においては、協議が成立せず、指定した期間内に届出がないときは、特許庁長官が行う公正な方法によるくじにより定めた商標登録出願人のみが商標登録を受けることができると規定されています(商標法8条5項)。

問15

Check! □□□

ア〜ウを比較して，不正競争防止法における，いわゆる著名表示冒用行為に関して，最も不適切と考えられるものはどれか。

ア 単に他人の著名な商品等表示を使用しただけでなく，実際に他人の商品や営業と混同が生じている場合でなければ著名表示冒用行為に該当しない。

イ 他人の著名な商品等表示と類似するもののみを使用した場合にも，著名表示冒用行為に該当することがある。

ウ 著名表示冒用行為には，他人の著名な商品等表示の使用だけでなく，その商品等表示を使用した商品を譲渡，引渡し，譲渡若しくは引渡しのための展示，輸出，輸入，若しくは電気通信回線を通じて提供する行為も含まれる。

問16

Check! □□□

ア〜ウを比較して，特許法における新規性喪失の例外規定に関して，最も適切と考えられるものはどれか。

ア 特許を受ける権利を有する者の意に反して公知となった発明について特許出願する場合，特許出願の日から30日以内にそのことを証明する書面を提出した場合でなければ，新規性喪失の例外規定の適用を受けることができない。

イ 特許を受ける権利を有する者の行為に起因して公知となった発明について特許出願する場合，当該発明が公知となった日から1年以内に出願しなければ，新規性喪失の例外規定の適用を受けることができない。

ウ 特許を受ける権利を有する者の行為に起因して公知となった発明について特許出願する場合，特許出願の日から30日以内に新規性喪失の例外規定の適用を受けたい旨を記載した書面を提出すれば，新規性喪失の例外規定の適用を受けることができる。

問15 解答・解説 -正解：ア

ア × 適切ではありません。

自己の商品等表示として他人の著名な商品等表示と同一若しくは類似のものを使用し、又はその商品等表示を使用した商品を譲渡し、引き渡し、譲渡若しくは引渡しのために展示し、輸出し、輸入し、若しくは電気通信回線を通じて提供する行為は、いわゆる著名表示冒用行為に該当します(不正競争防止法2条1項2号)。つまり、著名表示冒用行為に該当するための要件として、他人の商品等と混同が生じていることまでは必要ありません。なお、他人の商品等表示として需要者の間に広く認識されているものと同一若しくは類似の商品等表示を使用して、他人の商品又は営業と混同を生じさせる行為は、いわゆる周知表示混同惹起行為に該当します(同項1号)。つまり、商品等表示の周知性の程度によって、混同を生じさせることまでが必要か否かが異なります。

イ ○ 適切です。

アに記載の通り、類似のものについても規定されています。

ウ ○ 適切です。

アに記載の通り、使用以外の行為も規定されています。

問16 解答・解説 -正解：イ

ア × 適切ではありません。

特許を受ける権利を有する者の意に反して公知となった発明について特許出願する場合は、証明書の提出は必要ありません(特許法30条3項参照)。なお、同項には「前項の規定の適用を受けようとする者」は、証明書を提出しなければならないことが規定されており、ここで、「前項の規定の適用を受けようとする者」とは、特許を受ける権利を有する者の行為に起因して公知となった発明について、新規性喪失の例外規定の適用を受けようとする者のことです(同条2項)。

イ ○ 適切です。

問題文の通りです(特許法30条2項)。なお、特許を受ける権利を有する者の意に反して公知となった発明について特許出願する場合についても同様です(同条1項)。

ウ × 適切ではありません。

特許を受ける権利を有する者の行為に起因して公知となった発明について特許出願する場合、新規性喪失の例外規定の適用を受けたい旨を記載した書面を特許出願と同時に、証明書を特許出願の日から30日以内に、特許庁長官に提出しなければなりません(特許法30条3項)。

問17

Check! □□□

ア～ウを比較して，商標登録に対する不使用取消審判に関して，最も<u>不適切</u>と考えられるものはどれか。

ア 商標権者が登録商標を外国においてのみ継続して指定商品に使用している場合，取消しの対象となり得る。

イ 商標権者が登録商標を使用していない場合，専用使用権者が登録商標を指定商品に使用していても，取消しの対象となり得る。

ウ 商標権者が審判の請求の登録前の３年以内に登録商標に類似する商標のみを指定商品に使用している場合，取消しの対象となり得る。

問18

Check! □□□

ア～ウを比較して，著作権に関して，最も<u>不適切</u>と考えられるものはどれか。

ア 著作権を享有するために，著作権の登録は不要である。

イ 著作者人格権と一緒であれば，第三者に著作権を譲渡することができる。

ウ 職務著作に係る著作物の著作権者は法人であり，その著作権は当該法人が有する。

問17 解答・解説 正解：イ

ア ○　適切です。

継続して3年以上日本国内において商標権者、専用使用権者又は通常使用権者のいずれもが各指定商品又は指定役務についての登録商標の使用をしていないときは、何人も、その指定商品又は指定役務に係る商標登録を取消すことについて審判を請求することができます（商標法50条1項）。つまり、外国においてのみ使用していても、取消しの対象となり得ます。なお、この審判を不使用取消審判といい、商標法に特有の規定です。

イ ×　適切ではありません。

アに記載の通り、商標権者が登録商標を使用していなくても、専用使用権者が使用している場合には、取消しを免れます（商標法50条1項）。

ウ ○　適切です。

アに記載の通り、取消しを免れるためには、登録商標に類似する商標ではなく、登録商標自体を使用することが必要です（商標法50条1項）。

問18 解答・解説 正解：イ

ア ○　適切です。

著作権の享有には、いかなる方式の履行をも要しないため（著作権法17条2項）、著作権の登録は不要です。なお、著作者人格権についても同様に規定されています（同項）。

イ ×　適切ではありません。

著作権は、その全部又は一部を譲渡することができます（著作権法61条1項）。また、著作者人格権と一緒に譲渡する場合に限るような制限規定はありません。なお、著作者人格権は、著作者の一身に専属し、譲渡することができません（著作権法59条）。

ウ ○　適切です。

著作権法上、原則として、著作者は著作物を創作する者です（著作権法2条1項2号）。但し、法人等の発意に基づきその法人等の業務に従事する者が職務上作成する著作物（職務著作に係る著作物）で、その法人等が自己の著作の名義の下に公表するものの著作者は、その作成の時における契約、勤務規則その他に別段の定めがない限り、その法人等となります（同法15条1項）。また、著作者は、著作権を享有します（同法17条1項）。つまり、本問の場合、法人が著作権を享有します。

問19

Check! □□□

ア～ウを比較して，著作権に関して，最も適切と考えられるものはどれか。

ア　著作権者から絵画の原作品を購入した者は，その絵画の著作権者の承諾を得ずに，その絵画の原作品を有償で第三者に譲渡することができる。

イ　著作権者から言語の著作物の複製物を購入した者は，その言語の著作物の著作権者の許諾を得ずに，その言語の著作物の複製物を有償で公衆に貸与することができる。

ウ　著作権者から彫刻の原作品を購入した者は，その彫刻の著作権者の許諾を得ずに，その彫刻の原作品を撮影し，当該撮影した画像を公衆送信することができる。

問19 解答・解説 -正解：ア

ア ○　適切です。

著作者は、その著作物をその原作品又は複製物の譲渡により公衆に提供する権利(譲渡権)を専有します(著作権法26条の2第1項)。ここで、「専有」とは、1人だけで所有することをいいます。しかし、この規定は、著作権者又はその許諾を得た者により公衆に譲渡された著作物の原作品又は複製物の譲渡による場合には適用されません(同条2項1号)。つまり、著作者から著作物の原作品を購入すれば、その後は自由にそれを譲渡することができます。これを譲渡権の消尽といい、譲渡権の例外として規定されています。

イ ×　適切ではありません。

著作者は、その著作物をその複製物の貸与により公衆に提供する権利(貸与権)を専有します(著作権法26条の3)。本問の場合、アに記載の通り譲渡権は消尽していますが、貸与権は存在するため、たとえ著作権者から著作物の原作品又は複製物を購入しても、その後自由に貸与することはできません。

ウ ×　適切ではありません。

著作者は、その著作物について、公衆送信を行う権利(公衆送信権)を専有します(著作権法23条1項)。本問の場合、アに記載の通り譲渡権は消尽していますが、公衆送信権は存在します。

問20

Check! □□□

ア〜ウを比較して，特許権のライセンス契約において，独占禁止法上の問題が生ずる可能性が低い契約内容として，最も適切と考えられるものはどれか。

ア ライセンスに係る製品の販売価格をライセンサーが制限すること

イ ライセンシーが開発した改良技術を，ライセンサーのみが実施できる旨を定めること

ウ ライセンスに係る製品の販売地域と販売期間をライセンサーが制限すること

問20 解答・解説 正解：ウ

ア × 適切ではありません。

ライセンサー（ライセンスをした者）がライセンシー（ライセンスを受けた者）に対し、ライセンス技術を用いた製品に関し、販売価格又は再販売価格を制限する行為は、原則として不公正な取引方法に該当します（知的財産の利用に関する独占禁止法上の指針．第4 不公正な取引方法の観点からの考え方．4 技術の利用に関し制限を課す行為．(3) 販売価格・再販売価格の制限）。

イ × 適切ではありません。

ライセンサーがライセンシーに対し、ライセンシーが開発した改良技術について、ライセンサーに独占的ライセンスをする義務を課す行為は、原則として不公正な取引方法に該当します（知的財産の利用に関する独占禁止法上の指針．第4 不公正な取引方法の観点からの考え方．5 その他の制限を課す行為．(8) 改良技術の譲渡義務・独占的ライセンス義務 ア）。ここで、「独占的ライセンス」とは、独占的な通常実施権を与えるとともに権利者自身もライセンス地域内で権利を実施しないこと、すなわちライセンサーのみが実施できること等をいいます。

ウ ○ 適切です。

独占禁止法上、ライセンスに係る製品の販売期間と販売地域をライセンサーが制限することは、不公正な取引方法、並びにその他の禁止行為として規定されていません（独占禁止法2条9項各号等参照）。

問21

Check! □□□

ア〜ウを比較して，商標権等に関して，最も不適切と考えられるものはどれか。

ア 他人の商標登録に係る商標登録出願の出願日前から自己の商標を使用していても，先使用権が認められない場合がある。

イ 不使用取消審判により商標権が消滅した場合，当該商標権は同審判の請求の登録の日に消滅したものとみなされる。

ウ 登録商標が著名であって，当該商標権に係る指定商品と非類似の商品について同一の商標を使用する場合には，当該商標権の効力が及ぶ。

問22

Check! □□□

ア〜ウを比較して，特許協力条約（PCT）において規定されている制度に関して，国際事務局が行うものとして，最も不適切と考えられるものはどれか。

ア 国際出願の受理

イ 国際予備審査

ウ 国際公開

問21 解答・解説 -正解：ウ

ア ○　適切です。

①他人の商標登録出願前から②日本国内において③不正競争の目的でなく④その商標登録出願に係る指定商品若しくは指定役務又はこれらに類似する商品若しくは役務についてその商標又はこれに類似する商標の使用をしていた結果、⑤その商標登録出願の際現にその商標が自己の業務に係る商品又は役務を表示するものとして需要者の間に広く認識されているときは、その者は、⑥継続してその商品又は役務についてその商標の使用をする場合は、その商品又は役務についてその商標の先使用権を有します(商標法32条1項)。本問においては、①、②、④及び⑥の要件を満たしていると解することができますが、③及び⑤を満たしているかが不明であり、これらを満たしていなければ、先使用権が認められません。

イ ○　適切です。

商標法50条1項の審判により商標登録を取り消すべき旨の審決が確定したときは、商標権は、審判の請求の登録の日に消滅したものとみなされます(同法54条2項)。ここで、「商標法50条1項の審判」とは、不使用取消審判のことです。

ウ ×　適切ではありません。

指定商品等についての登録商標の使用は、商標権を侵害します(商標法25条)。また、指定商品等についての登録商標に類似する商標の使用又は指定商品等に類似する商品等についての登録商標若しくはこれに類似する商標の使用等は、商標権の侵害とみなされます(同法37条1号)。つまり、商標権の効力は、指定商品と非類似の商品についての登録商標の使用行為にまでは及びません。

問22 解答・解説 -正解：イ

ア ○　適切です。

国際事務局が所定の期間内に記録原本を受理しなかった場合には、国際出願は、取り下げられたものとみなされることが規定されています(PCT12条(3))。ここで、「記録原本」とは、国際出願の一通のことをいいます(同条(1))。つまり、国際事務局は国際出願の受理を行います。

イ ×　適切ではありません。

国際予備審査機関が、国際予備審査を行います(PCT32条(1))。

ウ ○　適切です。

国際事務局は、国際出願の国際公開を行います(PCT21条(1))。

問23

Check! □□□

ア～ウを比較して，商標法上の使用権に関して，最も適切と考えられるものはどれか。

ア 通常使用権は，複数の者に許諾することはできない。

イ 指定商品が二以上ある場合，指定商品ごとに通常使用権を許諾することができる。

ウ 商標権が共有に係る場合は，通常使用権については他の共有者の同意を得ることなく許諾することができる。

問24

Check! □□□

ア～ウを比較して，著作権者の許諾を得なければ行うことができない行為として，最も適切と考えられるものはどれか。

ア 個人的又は家庭内で使用する目的で，小説の著作物を複製すること

イ 営利目的ではあるが，聴衆から料金を受けず，かつ実演家に対し報酬が支払われない場合に，公表された音楽の著作物を公に演奏すること

ウ 公表された著作物を，公正な慣行に合致し，かつ引用の目的上正当な範囲内で引用すること

問23 解答・解説 正解：イ

ア × 適切ではありません。

商標権者は、その商標権について他人に通常使用権を許諾することができます(商標法31条1項)。また、通常使用権は、専用使用権と異なり独占排他的な権利ではありませんので、複数人に同一範囲で許諾することができます。

イ ○ 適切です。

アに記載の通り、商標権者は、その商標権について他人に通常使用権を許諾することができます(商標法31条1項)。また、通常使用権者は、設定行為で定めた範囲内において、指定商品又は指定役務について登録商標の使用をする権利を有します(同条2項)。つまり、設定行為により自由に指定商品を定めることができます。

ウ × 適切ではありません。

商標権が共有に係るときは、各共有者は、他の共有者の同意を得なければ、その商法権について専用使用権を設定し、又は他人に通常使用権を許諾することができません(商標法35条で準用する特許法73条3項)。なお、「準用」とは、ある事項に関する規定(本問における特許法)を、他の類似の事項(本問における商標法)に必要な変更を加えて当てはめることをいいます。

問24 解答・解説 正解：イ

ア × 適切ではありません。

著作者は、その著作物を複製する権利(複製権)を専有します(著作権法21条)。一方で、著作権の目的となっている著作物は、個人的に又は家庭内その他これに準ずる限られた範囲内において使用すること(私的使用)を目的とするときは、原則として、その使用する者が複製することができます(同法30条1項柱書)。これを私的使用のための複製といい、複製権の例外として規定されています。したがって、本問の場合、著作物を複製することができます。

イ ○ 適切です。

著作者は、その著作物を、公衆に直接見せ又は聞かせることを目的として上演し、又は演奏する権利(上演権、及び演奏権)を専有します(著作権法22条)。一方で、①公表された著作物は、②営利を目的とせず、③聴衆又は観衆から料金を受けず、④実演家等に対し報酬が支払われない場合には、公に演奏等することができます(同法38条1項本文、及び同項但書)。この規定を、営利を目的としない上演等といい、上演権の例外として規定されています。本問では、②の要件を満たさないため、著作権者の許諾が必要です。

ウ × 適切ではありません。

公表された著作物は、公正な慣行に合致するものであり、かつ、報道、批評、研究その他の引用の目的上正当な範囲内であれば引用して利用することができます(著作権法32条1項)。

問25

Check! □□□

ア〜ウを比較して，パリ条約に関して，最も適切と考えられるものはどれか。

ア 優先期間中にされた特許出願について，先に特許出願された同盟国で特許権が付与されると，後に特許出願された他の同盟国でも特許権が付与される。

イ 最恵国待遇の原則により，同盟国が他の同盟国の国民に与える利益が，他のすべての同盟国の国民に対しても無条件で与えられる。

ウ 出願人が同盟国にした最初の特許出願に基づきパリ条約上の優先権を主張して他の同盟国に特許出願をした場合，当該他の同盟国の特許出願には，最初の特許出願時にされたのと同様の利益が与えられる。

問26

Check! □□□

ア〜ウを比較して，商標登録を受けられる商標に関して，最も<u>不適切</u>と考えられるものはどれか。

ア 商品の機能を確保するために不可欠な立体的形状のみからなる商標について，商標登録を受けることができない。

イ 先に出願された自己の登録商標と類似する商標について，商標登録を受けることができない。

ウ 他人の著名な芸名を含む商標は，その他人の承諾を得れば，商標登録を受けることができる。

問25 解答・解説 正解：ウ

ア × 適切ではありません。

同盟国の国民が各同盟国において出願した特許は、他の国において同一の発明について取得した特許から独立したものとすることが規定されています(パリ条約4条の2(1))。つまり、先に特許出願された同盟国で特許権が付与されたとしても、必ずしも後に特許出願された他の同盟国で特許権が付与されるとは限りません。この規定を各国特許独立の原則といいます。

イ × 適切ではありません。

パリ条約は内国民待遇の原則について規定しています(パリ条約2条)。「内国民待遇」とは、財産権等について、相手国の国民を自国の国民と差別しないで同等に待遇することをいいます。なお、TRIPS協定は最恵国待遇の原則について規定しています(TRIPS協定4条)。

ウ ○ 適切です。

パリ条約上の優先権の優先期間の満了前に他の同盟国においてされた後の出願は、その間に行われた行為によって不利な取扱いを受けないものとし、また、これらの行為は、第三者のいかなる権利又は使用の権能をも生じさせません(パリ条約4条B)。つまり、パリ条約上の優先権を主張した他の同盟国の特許出願には、最初の特許出願時にされたのと同様の利益が与えられます。

問26 解答・解説 正解：イ

ア ○ 適切です。

商品等が当然に備える特徴のうち政令で定めるもののみからなる商標は、商標登録を受けることができません(商標法4条1項18号)。ここで、出願された商標が、商品等の機能を確保するために不可欠な立体的形状のみからなるものであることは、「当然に備える特徴」に該当します(商標法審査基準)。

イ × 適切ではありません。

①商標登録出願の日前の商標登録出願に係る②他人の③登録商標又はこれに類似する商標であって、④その商標登録に係る指定商品等又はこれらに類似する商品等について使用をするものは商標登録を受けることができません(商標法4条1項11号)。本問では、②の要件を満たさないので、商標登録を受けることができます。

ウ ○ 適切です。

他人の肖像又は他人の氏名若しくは名称若しくは著名な雅号、芸名若しくは筆名若しくはこれらの著名な略称を含む商標であっても、その他人の承諾を得ているものは、商標登録を受けることができます(商標法4条1項8号かっこ書)。

問27

Check! □□□

ア～ウを比較して，著作権法上，著作隣接権を有する者として，最も不適切と考えられるものはどれか。

ア レコード製作者

イ 映画製作者

ウ 有線放送事業者

問28

Check! □□□

ア～ウを比較して，特許権に関して，最も適切と考えられるものはどれか。

ア 特許権者が特許発明を継続して３年以上使用していない場合は，特許不使用取消審判を請求することができる。

イ 特許無効審判は，利害関係人でなければ請求することができない。

ウ 特許権者は，警告しなければ，権利行使をすることはできない。

問27 解答・解説 -正解：イ

ア ○　適切です。
レコード製作者は、著作隣接権を有します（著作権法89条2項）。

イ ×　適切ではありません。
映画製作者は、著作隣接権を有しません（著作権法89条参照）。

ウ ○　適切です。
有線放送事業者は、著作隣接権を有します（著作権法89条4項）。

問28 解答・解説 -正解：イ

ア ×　適切ではありません。
特許法には、不使用取消審判に関する規定はありません。なお、不使用取消審判は商標法に特有の規定です（商標法50条1項）。

イ ○　適切です。
特許無効審判は、原則として、利害関係人に限り請求することができます（特許法123条2項）。

ウ ×　適切ではありません。
特許権の権利行使に関する規定として、差止請求権（特許法100条）等がありますが、警告しなければ権利行使をすることができないことを定めた規定はありません。

問29

Check! □□□

ア～ウを比較して，特許出願の実体審査において，当該特許出願に係る発明が，その特許出願前に公開された特許公報に記載された発明に基づき容易に発明することができたという拒絶理由通知を受けた出願人がとり得る措置として，最も適切と考えられるものはどれか。

ア 答弁書を提出する。

イ 不服審判を請求する。

ウ 手続補正書を提出する。

問30

Check! □□□

ア～ウを比較して，著作隣接権に関して，最も<u>不適切</u>と考えられるものはどれか。

ア レコードに固定した音が著作物でない場合であっても，著作隣接権が発生する。

イ 私的使用目的で複製を行った場合には，著作権と同様に著作隣接権も制限される。

ウ 著作者が，その著作物を演じても著作隣接権を有することはない。

問29 解答・解説 -正解：ウ

ア × 適切ではありません。
審査官は、拒絶をすべき旨の査定をしようとするときは、特許出願人に対し、拒絶の理由を通知し、相当の期間を指定して、意見書を提出する機会を与えます(特許法50条)。また拒絶理由通知を受けた後は、所定の場合に限り、補正をすることができます(同法17条の2第1項但書)。また、補正をするときは手続補正書を提出します(同法17条4項)。これに対して、答弁書を提出することができる旨を定めた規定はありません。

イ × 適切ではありません。
拒絶をすべき旨の査定を受けた者は、その査定に不服があるときは、拒絶査定不服審判を請求することができます(特許法121条1項)。本問においては、拒絶査定は受けていないので、不服審判を請求することはできません。

ウ ○ 適切です。
アに記載の通りです。

問30 解答・解説 -正解：ウ

ア ○ 適切です。
レコード製作者は、著作隣接権(レコード製作者の権利)を享有します(著作権法89条2項)。また、「レコード製作者」とは、レコードに固定されている音を最初に固定した者をいい(同法2条1項6号)、その音が著作物か否かは要件とはされていません。

イ ○ 適切です。
私的使用のための複製に対する著作権の制限に関する規定(著作権法30条1項)は、著作隣接権の目的となっている実演等について準用します(同法102条1項)。つまり、私的使用のための複製に対しては著作隣接権も制限されます。

ウ × 適切ではありません。
実演家は著作隣接権(実演家の権利)を享有します(著作権法89条1項)。ここで、「実演家」とは、俳優、舞踊家、演奏家、歌手その他実演を行う者及び実演を指揮し、又は演出する者と規定されています(同法2条1項4号)。また、著作者が自身の著作物を演じた場合には実演家に該当しないことを定めた例外規定はありません。

<過去問編>

第43回
知的財産管理技能検定®

3級 学科試験

[問題と解答]

(はじめに)

すべての問題文の条件設定において，特に断りのない限り，他に特殊な事情がないものとします。また，各問題の選択肢における条件設定は独立したものと考え，同一問題内における他の選択肢には影響しないものとします。

特に日時の指定のない限り，2022年5月1日現在で施行されている法律等に基づいて解答しなさい。

解答は，選択肢ア～ウの中から1つ選びなさい。

問1

Check! □□□

ア～ウを比較して，著作者人格権に関して，最も適切と考えられるものはどれか。

ア 著作者人格権の存続期間は，著作者の死後70年である。

イ 著作者が有する著作者人格権は，公表権，氏名表示権，及び同一性保持権である。

ウ 著作権が譲渡されると，それに伴い著作者人格権も譲渡される。

問2

Check! □□□

ア～ウを比較して，特許法に規定する先願主義に関する次の文章の空欄［ 1 ］に入る語句として，最も適切と考えられるものはどれか。

先願主義とは，同一の発明について異なった日に二以上の特許出願があったときに，最先の特許出願人のみがその発明について特許を受けることができることをいう。但し，同日に同じ発明について二以上の特許出願があったときは，［ 1 ］のみがその発明について特許を受けることができる。

ア 特許庁長官が行う公正な方法によるくじにより定めた一の特許出願人

イ 特許出願人の協議により定めた一の特許出願人

ウ 時間的（時刻までを考慮して）に最先の特許出願人

問1 解答・解説 正解：イ

ア × 適切ではありません。
著作者人格権は、著作者の一身に専属するため(著作権法59条)、著作者が死亡することで権利が消滅します。つまり、著作者人格権の存続期間は著作者の生存している期間です。

イ ○ 適切です。
問題文の通りです(著作権法18条、同法19条、同法20条)。

ウ × 適切ではありません。
著作者人格権は、著作者の一身に専属し、譲渡することができません(著作権法59条)。なお、著作権は、その全部又は一部を譲渡することができます(同法61条1項)。

問2 解答・解説 正解：イ

ア × 適切ではありません。
同一の発明について同日に二以上の特許出願があったときは、特許出願人の協議により定めた一の特許出願人のみがその発明について特許を受けることができます(特許法39条2項)。なお、商標法においても、同日に二以上の商標登録出願があったときは、商標登録出願人の協議により定めた一の商標登録出願人のみがその商標について商標登録を受けることができますが(商標法8条2項)、協議が成立しないとき等は、特許庁長官が行う公正な方法によるくじにより定めた一の商標登録出願人のみが商標登録を受けることができます(同条5項)。

イ ○ 適切です。
アに記載の通りです。

ウ × 適切ではありません。
同日出願については、時刻までは考慮されません。なお、新規性や進歩性等の規定の適用については時刻まで考慮します。

問3

Check! □□□

ア～ウを比較して，商標権に関して，最も適切と考えられるものはどれか。

ア 自己の商標権に係る禁止権と他人の商標権に係る禁止権とが重複する範囲について，当該他人は登録商標を使用することができる。

イ 商標権の設定登録後1年を経過する前であっても，登録商標の不正使用を理由とする不正使用取消審判を請求することができる。

ウ 商標権は，その一部の指定商品を分割して他人に移転することはできない。

問4

Check! □□□

ア～ウを比較して，特許協力条約（PCT）に規定される国際公開に関して，最も<u>不適切</u>と考えられるものはどれか。

ア 受理官庁が国際公開を行う。

イ 優先日から18カ月経過後に国際公開が行われる。

ウ すべての国際出願について国際公開が行われる。

問3 解答・解説 正解：イ

ア × 適切ではありません。

自己の商標権に係る禁止権と他人の商標権に係る禁止権とが重複する範囲については、いずれの者も登録商標を使用することができません。なお、禁止権とは、指定商品等についての登録商標に類似する商標の使用又は指定商品等に類似する商品等についての登録商標若しくはこれに類似する商標の使用を侵害とみなすことで、このような商標を他人が使用するのを禁止する権利のことをいいます。

イ ○ 適切です。

①商標権者が②故意に③指定商品等についての登録商標に類似する商標の使用又は指定商品等に類似する商品等についての登録商標若しくはこれに類似する商標の使用であって④商品の品質等の誤認又は他人の業務に係る商品等と混同を生ずるものをしたときは、⑤何人も、不正使用取消審判を請求することができます(商標法51条1項)。この審判を不正使用取消審判といいます。つまり、商標権の設定登録後1年を経過する前か否かは要件とはされていないので、審判を請求することができます。

ウ × 適切ではありません。

商標権の移転は、その指定商品等が2以上あるときは、指定商品又は指定役務ごとに分割してすることができます(商標法24条の2第1項)。

問4 解答・解説 正解：ア

ア × 適切ではありません。

国際事務局が、国際出願の国際公開を行います(PCT21条(1))。

イ ○ 適切です。

国際出願の国際公開は、原則として、国際出願の優先日から18カ月を経過した後速やかに行われます(PCT21条(2)(a))。

ウ ○ 適切です。

原則として、すべての国際出願は国際公開されます。なお、国際公開の技術的な準備が完了する前に国際出願が取り下げられる又は取り下げられたものとみなされる場合には、国際公開は行われません(PCT21条(5))。本設問においては、アが明らかに誤りなので、アを最も不適切な選択肢として解答することになります。

問5

Check! □□□

ア～ウを比較して，意匠登録に関して，最も不適切と考えられるものはどれか。

ア 店舗の内装を構成する物品に係る意匠が，内装全体として統一的な美感を起こさせるときは，意匠登録を受けることができる。

イ 建築物について，意匠登録を受けることはできない。

ウ 機器の操作の用に供されるものに係る画像について，意匠登録を受けることができる。

問6

Check! □□□

ア～ウを比較して，著作隣接権等に関して，最も適切と考えられるものはどれか。

ア 放送に関する著作隣接権の存続期間は，その放送後70年を経過するまでである。

イ 公表された映画の著作物の著作権の存続期間は，その著作物の公表後70年を経過するまでである。

ウ レコード製作者の権利は，当該レコードの公表日に発生する。

問5 解答・解説 正解：イ

ア ○　適切です。
店舗、事務所その他の施設の内部の設備及び装飾(内装)を構成する物品、建築物又は画像に係る意匠は、内装全体として統一的な美感を起こさせるときは、一意匠として出願をし、意匠登録を受けることができます(意匠法8条の2)。なお、令和2年4月より施行された令和元年改正意匠法において、このような出願が可能となりました。

イ ×　適切ではありません。
意匠法における「意匠」とは、物品の形状等、建築物の形状等又は画像(機器の操作の用に供されるもの又は機器がその機能を発揮した結果として表示されるものに限り、…)であって、視覚を通じて美感を起こさせるものをいいます(意匠法2条1項)。つまり、建築物について、意匠登録を受けることができます。なお、令和2年4月より施行された令和元年改正意匠法において、このような出願が可能となりました。

ウ ○　適切です。
イに記載の通り、機器の操作の用に供されるものに係る画像について、意匠登録を受けることができます(意匠法2条1項かっこ書)。なお、令和2年4月より施行された令和元年改正意匠法において、このような出願が可能となりました。

問6 解答・解説 正解：イ

ア ×　適切ではありません。
放送に関する著作隣接権の存続期間は、その放送が行われた日の属する年の翌年から起算して50年を経過した時をもって満了します(著作権法101条2項3号)。

イ ○　適切です。
映画の著作物の著作権は、原則として、その著作物の公表後70年を経過するまでの間、存続します(著作権法54条1項)。

ウ ×　適切ではありません。
レコード製作者の権利は、その音を最初に固定した時に発生します(著作権法101条1項2号)。

問7

Check! □□□

ア〜ウを比較して，特許権の設定登録，存続期間に関して，最も適切と考えられるものはどれか。

ア 特許権は，原則として特許料の納付があった日から20年間存続する。

イ 特許権の設定登録を受けるためには，第1年から第3年までの特許料の納付が必要である。

ウ 特許権の存続期間は，延長される場合はない。

問8

Check! □□□

ア〜ウを比較して，著作権法における頒布に関して，最も適切と考えられるものはどれか。

ア 譲渡と貸与の性質を備える

イ 上映と翻案の性質を備える

ウ 譲渡と翻案の性質を備える

問7 解答・解説 正解：イ

ア × 適切ではありません。
特許権の存続期間は、原則として、特許出願の日から20年をもって終了します(特許法67条1項)。

イ ○ 適切です。
特許権の設定の登録を受ける者は、特許料を納付しなければなりません(特許法107条1項)。ここで、特許権の設定の登録を受けるためには、第1年から第3年までの各年分の特許料を納付しなければなりません(同法108条1項)。

ウ × 適切ではありません。
特許権の存続期間は、所定の場合には、延長登録の出願により延長することができます(特許法67条2項)。

問8 解答・解説 正解：ア

ア ○ 適切です。
著作権法上、「頒布」とは、有償であるか又は無償であるかを問わず、複製物を公衆に譲渡し、又は貸与することをいいます(著作権法2条1項19号)。

イ × 適切ではありません。
アに記載の通りです。

ウ × 適切ではありません。
アに記載の通りです。

問9

Check! □□□

ア〜ウを比較して，商標法に規定されている制度として，最も適切と考えられるものはどれか。

ア 新規性喪失の例外制度

イ 地理的表示保護制度

ウ 出願公開制度

問10

Check! □□□

ア〜ウを比較して，著作物に関する次の文章の空欄［ 1 ］に入る語句として，最も適切と考えられるものはどれか。

個人的に又は［ 1 ］その他これに準ずる限られた範囲内において使用することを目的とするときは，著作権者の許諾を得ずに著作物を複製することができる。

ア 家庭内

イ 不特定少数のグループ内

ウ 自社内

問9 解答・解説 正解：ウ

ア × 適切ではありません。
商標法上、新規性喪失の例外については規定されていません。そもそも登録要件として新規性が規定されていないためです。なお、特許法(30条)、実用新案法(11条1項で準用する特許法30条)、意匠法(4条)には、新規性喪失の例外が規定されています。

イ × 適切ではありません。
地理的表示の保護については、地理的表示法に規定されています。

ウ ○ 適切です。
特許庁長官は、商標登録出願があったときは、出願公開をします(商標法12条の2第1項)。つまり、出願公開について規定されています。なお、特許法においても出願公開について規定されています(特許法64条)。

問10 解答・解説 正解：ア

ア ○ 適切です。
著作権の目的となっている著作物は、個人的に又は家庭内その他これに準ずる限られた範囲内において使用することを目的とするときは、原則として、その使用する者が複製することができます(著作権法30条1項柱書)。

イ × 適切ではありません。
アに記載の通りです。

ウ × 適切ではありません。
アに記載の通りです。

問11

Check! □□□

ア～ウを比較して，特許権又は実用新案権に関して，最も適切と考えられるものはどれか。

ア　特許権に基づいて差止請求をする場合，相手方に特許原簿を提示して警告をしなければならない。

イ　実用新案権に基づいて差止請求をする場合，相手方に実用新案技術評価書を提示して警告をしなければならない。

ウ　特許権に基づいて差止請求をする場合，相手方に特許掲載公報を提示して警告をしなければならない。

問12

Check! □□□

ア～ウを比較して，意匠権に関して，最も適切と考えられるものはどれか。

ア　意匠権は，登録査定を受けた後，第1年分の登録料を納付し設定登録がなされると発生する。

イ　意匠権の存続期間は，設定登録の日から25年で終了する。

ウ　秘密意匠の意匠権の秘密期間は，意匠公報発行の日から3年以内の期間を指定して請求した期間となる。

問11 解答・解説 -正解：イ

ア × 適切ではありません。
特許権に基づく差止請求においては、いかなる警告も要件とはされていません。

イ ○ 適切です。
実用新案権者又は専用実施権者は、その登録実用新案に係る実用新案技術評価書を提示して警告をした後でなければ、自己の実用新案権又は専用実施権の侵害者等に対し、その権利を行使することができません(実用新案法29条の2)。ここで、差止請求は権利行使の1つです。

ウ × 適切ではありません。
アに記載の通りです。

問12 解答・解説 -正解：ア

ア ○ 適切です。
第1年分の登録料の納付があったときは、意匠権の設定の登録をします(意匠法20条2項)。また、意匠権は、設定の登録により発生します(同条1項)。

イ × 適切ではありません。
意匠権の存続期間は、意匠登録出願の日から25年をもって終了します(意匠法21条1項)。

ウ × 適切ではありません。
意匠登録出願人は、意匠権の設定の登録の日から3年以内の期間を指定して、その期間その意匠を秘密にすることを請求することができます(意匠法14条1項)。

問13　Check! □□□

ア～ウを比較して，工業所有権の保護に関するパリ条約に規定される三大原則として，最も不適切と考えられるものはどれか。

ア 属地主義

イ 内国民待遇

ウ 各国特許の独立

問14　Check! □□□

ア～ウを比較して，商標登録を受けることができる商標として，最も適切と考えられるものはどれか。

ア 先に出願された自己の登録商標と同一又は類似の商標

イ 商品の品質等の誤認を生じるおそれのある商標

ウ 先に出願された他人の登録商標と同一又は類似の商標

問13 解答・解説 -正解：ア

ア × 適切ではありません。

パリ条約に規定される三大原則は、内国民待遇の原則、各国特許独立の原則、及び優先権制度です。なお、「属地主義」とは、法律の適用範囲や効力範囲を、一定の領域に限定する主義のことをいいます。

イ ○ 適切です。

アに記載の通り、内国民待遇についてはパリ条約に規定されています(パリ条約2条)。内国民待遇について、具体的には、「各同盟国の国民は、工業所有権の保護に関し、この条約で特に定める権利を害されることなく、他のすべての同盟国において、当該他の同盟国の法令が内国民に対し現在与えており又は将来与えることがある利益を享受する」と規定されています(同条(2))。

ウ ○ 適切です。

アに記載の通り、各国特許の独立についてはパリ条約に規定されています(パリ条約4条の2)。各国特許の独立について、具体的には、「同盟国の国民が各同盟国において出願した特許は、他の国において同一の発明について取得した特許から独立したものとする」と規定されています(同条(1))。

問14 解答・解説 -正解：ア

ア ○ 適切です。

①商標登録出願の日前の商標登録出願に係る②他人の③登録商標又はこれに類似する商標であって、④その商標登録に係る指定商品等又はこれらに類似する商品等について使用をする商標については、商標登録を受けることができません(商標法4条1項11号)。本問では、②の要件を満たさないため、商標登録を受けることができます。

イ × 適切ではありません。

商品の品質等の誤認を生ずるおそれがある商標については、商標登録を受けることができません(商標法4条1項15号)。

ウ × 適切ではありません。

アに記載の通りです。

問15

Check! □□□

ア〜ウを比較して，不正競争防止法に関して，最も適切と考えられるものはどれか。

ア 他人の商品が周知又は著名でなくても，その他人の商品と形態が同一の商品を販売する行為が，不正競争行為に該当することがある。

イ 商品について，その原産地や品質を誤認させるような表示をする行為は，不正競争行為に該当しない。

ウ 特許権の侵害である旨の警告書を競争相手の取引先に対して送付する行為は，競争相手の営業上の信用を害する行為であるから，直ちに不正競争行為に該当する。

問16

Check! □□□

ア〜ウを比較して，実演家人格権として，最も不適切と考えられるものはどれか。

ア 公表権

イ 氏名表示権

ウ 同一性保持権

問15 解答・解説 -正解：ア

ア ○　適切です。

他人の商品の形態を模倣した商品を譲渡等する行為（商品形態模倣行為）は、不正競争行為に該当します（不正競争防止法2条1項3号）。また、商品形態模倣行為は他人の商品が周知又は著名であることは要件とされていません。

イ ×　適切ではありません。

商品等にその商品の原産地、品質、内容、製造方法、用途若しくは数量等について誤認させるような表示等する行為は、不正競争行為に該当します（不正競争防止法2条1項20号）。

ウ ×　適切ではありません。

特許権の侵害である旨の警告書を競争相手の取引先に対して送付する行為は、直ちには不正競争行為に該当しません。なお、この警告書の内容が誤りであった場合には、競争関係にある他人の営業上の信用を害する虚偽の事実を告知し、又は流布する行為であるとして、不正競争行為に該当します（不正競争防止法2条1項21号）。

問16 解答・解説 -正解：ア

ア ×　適切ではありません。

実演家人格権については、氏名表示権（著作権法90条の2）、及び同一性保持権（同法90条の3）が規定されていますが、公表権については規定されていません。なお、公表権（同法18条）は、氏名表示権（同法19条）、同一性保持権（同法20条）とともに、著作者人格権の１つとして規定されています。

イ ○　適切です。

アに記載の通りです。

ウ ○　適切です。

アに記載の通りです。

問17 Check! □□□

ア〜ウを比較して，特許出願の願書に添付する書類として，最も不適切と考えられるものはどれか。

ア 要約書

イ 出願審査の請求書

ウ 特許請求の範囲

問18 Check! □□□

ア〜ウを比較して，共同著作物に関して，最も適切と考えられるものはどれか。

ア 複数の著作物からなり，それぞれを別々に利用することができる著作物は，共同著作物である。

イ 複数人が共同して著作物を創作した場合，その著作物は常に共同著作物であり，著作権は共有となる。

ウ 複数人が共同して創作した著作物であって，その各人の寄与を分離して個別的に利用することができないものは，共同著作物である。

問17 解答・解説 正解：イ

ア ○　適切です。

願書には、明細書、特許請求の範囲、必要な図面及び要約書を添付します（特許法36条2項）。

イ ×　適切ではありません。

アに記載の通りです。なお、出願審査の請求書は、出願審査の請求（特許法48条の3）をする際に、必要な書面です。

ウ ○　適切です。

アに記載の通りです。

問18 解答・解説 正解：ウ

ア ×　適切ではありません。

「共同著作物」とは、二人以上の者が共同して創作した著作物であって、その各人の寄与を分離して個別的に利用することができないものをいいます（著作権法2条1項12号）。

イ ×　適切ではありません。

アに記載の通りです。

ウ ○　適切です。

アに記載の通りです。

問19

Check! □□□

ア～ウを比較して，弁理士の業務に関して，最も適切と考えられるものはどれか。

ア 弁理士は，他の弁理士と共同して特許出願の代理人になることはできない。

イ 弁理士は，単独で，特許侵害訴訟の訴訟代理を受任することができる。

ウ 弁理士は，著作権の売買契約に関する交渉の代理人になることができる。

問20

Check! □□□

ア～ウを比較して，創作が容易であることを理由に登録されない意匠として，最も適切と考えられるものはどれか。

ア 公知意匠の構成要素の一部を他の意匠等に置き換えた意匠

イ 物品の機能を確保するために不可欠な形状のみからなる意匠

ウ 視覚に訴えるものと認められない意匠

問19 解答・解説 正解：ウ

ア × 適切ではありません。

弁理士は、他人の求めに応じ、特許等に関する特許庁における手続等についての代理等を行うことを業とします(弁理士法4条1項)。ここで、他の弁理士と共同して代理人になることはできないことを定めた例外規定はありません。

イ × 適切ではありません。

弁理士は、特定侵害訴訟代理業務試験に合格し、かつ、その旨の付記を受けたときは、特定侵害訴訟に関して、弁護士が同一の依頼者から受任している事件に限り、その訴訟代理人となることができます(弁理士法6条の2第1項)。ここで「特定侵害訴訟」とは、特許等に関する権利の侵害に係る訴訟をいいます(同法2条6項)。つまり、弁理士は、弁護士と共同でなければ、特許侵害訴訟の訴訟代理を受任することができません。

ウ ○ 適切です。

弁理士は、弁理士の名称を用いて、他人の求めに応じ、原則として、特許、実用新案、意匠、商標、回路配置若しくは著作物に関する権利若しくは技術上の秘密若しくは技術上のデータの売買契約、通常実施権の許諾に関する契約その他の契約の締結の代理若しくは媒介を行い、又はこれらに関する相談に応ずることを業とすることができます(弁理士法4条3項1号)。

問20 解答・解説 正解：ア

ア ○ 適切です。

公知意匠の構成要素の一部を他の意匠等に置き換えた意匠は、創作非容易性の要件を満たしていないとして意匠登録を受けることができません(意匠審査基準)。

イ × 適切ではありません。

物品の機能を確保するために不可欠な形状のみからなる意匠は、不登録事由に該当するため意匠登録を受けることができません(意匠法5条3号)。

ウ × 適切ではありません。

視覚に訴えるものと認められない意匠は、工業上利用可能性の要件を満たしていないとして意匠登録を受けることができません(意匠審査基準)。

問21

Check! □□□

ア～ウを比較して，著作権法上の引用に関する次の文章の空欄［ 1 ］～［ 2 ］に入る語句の組合せとして，最も適切と考えられるものはどれか。

公表された他人の著作物を引用して利用する場合は，公正な［ 1 ］に合致し，引用の目的上［ 2 ］範囲内で行われるものでなければならない。

ア ［ 1 ］＝慣行　［ 2 ］＝正当な
イ ［ 1 ］＝取引　［ 2 ］＝私的使用の
ウ ［ 1 ］＝慣行　［ 2 ］＝研究目的の

問22

Check! □□□

ア～ウを比較して，育成者権に関して，最も適切と考えられるものはどれか。

ア 育成者権者の許諾を得ることなく登録品種の種苗を生産する行為は，育成者権を侵害する可能性がある。
イ 育成者権者から登録品種の種苗を譲り受けた後に，更にその譲渡された種苗を国内の第三者に譲渡する行為は，育成者権を侵害することになる。
ウ 育成者権者は，登録品種の名称を，業として独占的に利用する権利を専有する。

問21 解答・解説 -正解：ア

ア ○　適切です。

著作権法上、引用については以下の通り規定されています(著作権法32条1項)。「公表された著作物は、引用して利用することができる。この場合において、その引用は、公正な慣行に合致するものであり、かつ、報道、批評、研究その他の引用の目的上正当な範囲内で行なわれるものでなければならない。」

イ ×　適切ではありません。

アに記載の通りです。

ウ ×　適切ではありません。

アに記載の通りです。

問22 解答・解説 -正解：ア

ア ○　適切です。

育成者権者は、登録品種及び当該登録品種と特性により明確に区別されない品種を業として利用する権利を専有します(種苗法20条1項)。つまり、育成者権者の許諾を得ることなく登録品種の種苗を生産する行為は、育成者権を侵害する可能性があります。

イ ×　適切ではありません。

育成者権者等の行為等により登録品種等の種苗等が譲渡されたときは、登録品種の育成者権の効力は、原則として、その譲渡された種苗等の利用には及びません(種苗法21条2項本文)。これを育成者権の消尽といいます。

ウ ×　適切ではありません。

アに記載の通り、登録品種等を業として利用する権利を専有しますが、登録品種の名称を利用する権利を専有することは規定されていません(種苗法20条1項参照)。

問23

Check! □□□

ア〜ウを比較して，特許権に係る通常実施権の許諾契約に関して，最も<u>不適切</u>と考えられるものはどれか。

ア 特許権が共有に係る場合，一の共有者が他人と通常実施権の許諾契約を締結するためには，他の共有者の同意が必要となる。

イ 通常実施権の許諾契約において，当該通常実施権者以外の者に対して通常実施権を許諾しない旨の特約を伴う契約をすることはできない。

ウ 特許権者は，重複する範囲について複数人に対して通常実施権を許諾することができる。

問24

Check! □□□

ア〜ウを比較して，独占禁止法に関して，最も<u>不適切</u>と考えられるものはどれか。

ア 事業者は，私的独占又は不当な取引制限をしてはならない。

イ 特許権に基づいて差止請求権を行使しようとしても，独占禁止法に違反するとしてその行使が認められない場合がある。

ウ 独占禁止法に違反する事実が認められた場合，公正取引委員会は排除措置命令を出すことがあるが，課徴金納付命令を出すことはできない。

問23 解答・解説 正解：イ

ア ○　適切です。

特許権者は、その特許権について他人に通常実施権を許諾することができます(特許法78条1項)。ここで、特許権が共有に係るときは、各共有者は、他の共有者の同意を得なければ、その特許権について専用実施権を設定し、又は他人に通常実施権を許諾することができません(同法73条3項)。

イ ×　適切ではありません。

通常実施権の許諾契約において、当該通常実施権者以外の者に対して通常実施権を許諾しない旨の特約を伴う契約をすることができます。これを独占的通常実施権といいます。

ウ ○　適切です。

通常実施権は、専用実施権と異なり独占排他的な権利ではありませんので、重複する範囲について複数人に対して許諾することができます。

問24 解答・解説 正解：ウ

ア ○　適切です。

事業者は、私的独占又は不当な取引制限をしてはなりません(独占禁止法3条)。

イ ○　適切です。

独占禁止法第21条は、「この法律の規定は、著作権法、特許法、実用新案法、意匠法又は商標法による権利の行使と認められる行為にはこれを適用しない。」と規定しています。これを反対解釈すると、権利の行使とはみられない行為には独占禁止法が適用されます(知的財産の利用に関する独占禁止法上の指針．第2　独占禁止法の適用に関する基本的な考え方．1　独占禁止法と知的財産法)。したがって、特許権に基づいて差止請求権を行使しようとしても、独占禁止法に違反するとしてその行使が認められない場合があります。

ウ ×　適切ではありません。

独占禁止法62条は、課徴金納付命令について規定しています。なお、排除措置命令については同法61条に規定されています。

問25 Check! □□□

ア～ウを比較して，特許協力条約（PCT）に規定される制度として，最も不適切と考えられるものはどれか。

ア 国際予備審査制度

イ 国際審査請求制度

ウ 国際調査制度

問26 Check! □□□

ア～ウを比較して，著作物に関して，最も適切と考えられるものはどれか。

ア 保護される著作物は，著作権法で限定列挙されている。

イ コンピュータプログラムは，特許法で保護されるので著作物として認められない。

ウ 著作物は，思想又は感情を創作的に表現したものでなければならない。

問25 解答・解説 -正解：イ

ア ○　適切です。
国際予備審査については、PCTに規定されています(PCT33条)。

イ ×　適切ではありません。
このような規定はありません。

ウ ○　適切です。
国際調査については、PCTに規定されています(PCT15条)。

問26 解答・解説 -正解：ウ

ア ×　適切ではありません。
著作物については、著作権法10条1項各号に例示列挙されています。つまり、限定列挙ではありません。

イ ×　適切ではありません。
著作権法10条1項9号に、プログラムの著作物が例示されています。

ウ ○　適切です。
著作権法上、「著作物」とは、思想又は感情を創作的に表現したものであって、文芸、学術、美術又は音楽の範囲に属するものをいう、と規定されています(著作権法2条1項1号)。

問27

Check! □□□

ア〜ウを比較して，特許を受けるための要件に関して，最も<u>不適切</u>と考えられるものはどれか。

ア 産業上利用できる発明であること

イ 発明の属する技術分野において，当該技術分野の通常の知識を有する者がきわめて容易に創作できる発明でないこと

ウ 公序良俗に反する発明や公衆衛生を害するおそれがある発明でないこと

問28

Check! □□□

ア〜ウを比較して，編集著作物に関して，最も適切と考えられるものはどれか。

ア データベースの著作物は，編集著作物として保護される。

イ 編集著作物として保護を受けるためには，素材の著作物の著作者の許諾を得る必要がある。

ウ 編集著作物とは，編集物であってその素材の選択又は配列によって創作性を有するものである。

問27 解答・解説 -正解：イ

ア ○　適切です。

産業上利用することができる発明をした者は、新規性のない発明を除き、その発明について特許を受けることができます(特許法29条1項柱書)。

イ ×　適切ではありません。

特許出願前にその発明の属する技術の分野における通常の知識を有する者が公然知られた発明等に基づいて容易に発明をすることができたときは、その発明については、特許を受けることができないことが規定されていますが(特許法29条2項)、「きわめて」容易とは規定されていません。

ウ ○　適切です。

公の秩序、善良の風俗(公序良俗)又は公衆の衛生を害するおそれがある発明については、特許を受けることができません(特許法32条)。

問28 解答・解説 -正解：ウ

ア ×　適切ではありません。

データベースの著作物は、編集著作物ではなく、データベースの著作物として保護されます(著作権法12条の2)。

イ ×　適切ではありません。

編集物でその素材の選択又は配列によって創作性を有するものは、編集著作物として保護されます(著作権法12条1項)。つまり、保護を受けるために、素材の著作物の著作者の許諾を得る必要があることは規定されていません。

ウ ○　適切です。

イに記載の通りです。

問29

Check! □□□

ア～ウを比較して，商標登録出願の審査に関して，最も不適切と考えられるものはどれか。

ア　商標が使用により需要者の間に広く知られたものとなっていても，商標登録出願の審査を受けなければ商標登録はされない。

イ　商標を使用する意思を有していなくても商標登録を受けることができる。

ウ　商品の用途を表示する文字のみからなる商標を使用し続けた結果，商標登録を受けることができる場合がある。

問30

Check! □□□

ア～ウを比較して，特許出願の出願審査請求に関する次の文章の空欄［ 1 ］～［ 2 ］に入る語句の組合せとして，最も適切と考えられるものはどれか。

特許出願があったときは，［ 1 ］，その出願の日から3年以内に，［ 2 ］にその特許出願について出願審査の請求をすることができる。

ア　［ 1 ］＝利害関係者は　　［ 2 ］＝特許庁審査官

イ　［ 1 ］＝特許出願人は　　［ 2 ］＝特許庁審査官

ウ　［ 1 ］＝何人も　　［ 2 ］＝特許庁長官

問29 解答・解説 正解：イ

ア ○　適切です。

商標登録を受けようとする者は、所定の事項を記載した願書に必要な書面を添付して特許庁長官に提出しなければなりません(商標法5条)。また、特許庁長官は、審査官に商標登録出願を審査させます(同法14条)。これに対して、商標が使用により需要者の間に広く知られたものとなっていた場合に、商標登録出願の審査を受けなくても商標登録されることを定めた例外規定はありません。

イ ×　適切ではありません。

自己の業務に係る商品等について使用をする商標については、所定の商標を除き、商標登録を受けることができます(商標法3条1項柱書)。ここで、「使用をする」とは、指定商品等について、出願人等が、出願商標を現に使用している場合のみならず、将来において出願商標を使用する意思を有している場合を含みます(商標審査基準)。本問では、商標を使用する意思さえも有していないので、商標登録を受けることができません。

ウ ○　適切です。

商品の用途等を普通に用いられる方法で表示する標章のみからなる商標は、原則として、商標登録を受けることができません(商標法3条1項3号)。しかし、このような商標であっても、使用をされた結果需要者が何人かの業務に係る商品等であることを認識することができるものについては、商標登録を受けることができます(同条2項)。

問30 解答・解説 正解：ウ

ア ×　適切ではありません。

出願審査請求については、特許法48条の3第1項に以下のように規定されています。「特許出願があったときは、何人も、その日から3年以内に、特許庁長官にその特許出願について出願審査の請求をすることができる。」

イ ×　適切ではありません。

アに記載の通りです。

ウ ○　適切です。

アに記載の通りです。

＜過去問編＞

第42回
知的財産管理技能検定®

3級 学科試験

［問題と解答］

（はじめに）

すべての問題文の条件設定において，特に断りのない限り，他に特殊な事情がないものとします。また，各問題の選択肢における条件設定は独立したものと考え，同一問題内における他の選択肢には影響しないものとします。

特に日時の指定のない限り，2022年1月1日現在で施行されている法律等に基づいて解答しなさい。

解答は，選択肢ア～ウの中から1つ選びなさい。

問1

Check! □□□

ア～ウを比較して，特許出願の審査に関する次の文章の空欄[1]に入る語句として，最も適切と考えられるものはどれか。

審査官は，拒絶をすべき旨の査定をしようとするときは，特許出願人に対し，拒絶の理由を通知し，相当の期間を指定して，[1]を提出する機会を与えなければならない。

ア 上申書

イ 鑑定書

ウ 意見書

問2

Check! □□□

ア～ウを比較して，著作権法上の引用と認められるための要件として，最も<u>不適切</u>と考えられるものはどれか。

ア 営利を目的としないこと

イ 引用される著作物が，公表された著作物であること

ウ 公正な慣行に合致し，引用の目的上正当な範囲内で行われるものであること

問1 解答・解説 正解：ウ

ア × 適切ではありません。
特許法50条本文の通りです。すなわち、審査官は、拒絶をすべき旨の査定をしようとするときは、特許出願人に対し、拒絶の理由を通知し、相当の期間を指定して、意見書を提出する機会を与えなければなりません。

イ × 適切ではありません。
アに記載の通りです。

ウ ○ 適切です。
アに記載の通りです。

問2 解答・解説 正解：ア

ア × 適切ではありません。
公表された著作物は、引用して利用することができ、その引用は、公正な慣行に合致するものであり、かつ、報道、批評、研究その他の引用の目的上正当な範囲内で行なわれるものでなければならないと規定されています(著作権法32条1項)。つまり、営利を目的としないことは要件として規定されていません。

イ ○ 適切です。
アに記載の通りです。

ウ ○ 適切です。
アに記載の通りです。

問3

Check! □□□

ア～ウを比較して，弁理士の業務に関して，最も不適切と考えられるものはどれか。

ア 弁理士は，単独で特許無効審決に対する審決取消訴訟の代理人になることができる。

イ 弁理士は，単独で特許侵害訴訟の代理人になることができる。

ウ 弁理士は，単独で国際出願に関する特許庁における手続の代理人になることができる。

問4

Check! □□□

ア～ウを比較して，意匠登録を受けることができる可能性のある意匠として，最も適切と考えられるものはどれか。

ア 意匠登録出願の出願日の３カ月前に自ら日本国内で頒布した刊行物に記載された意匠

イ 意匠登録出願の出願日の１カ月前に外国で公知となった他人の意匠に類似する意匠

ウ 物品の機能を確保するために不可欠な形状のみからなる意匠

問３ 解答・解説 ‐正解：イ

ア ○　適切です。

弁理士は、特許法178条1項等に規定する訴訟に関して訴訟代理人となることができます(弁理士法6条)。ここで、特許法178条1項に規定する訴訟には、特許無効審決に対する審決取消訴訟が含まれます。したがって、弁理士は、単独で特許無効審決に対する審決取消訴訟の代理人になることができます。

イ ×　適切ではありません。

弁理士は、特定侵害訴訟代理業務試験に合格し、かつ、その旨の付記を受けたときは、特定侵害訴訟に関して、弁護士が同一の依頼者から受任している事件に限り、その訴訟代理人となることができます(弁理士法6条の2第1項)。ここで「特定侵害訴訟」とは、特許等に関する権利の侵害に係る訴訟をいいます(同法2条6項)。つまり、弁理士は、弁護士と共同でなければ、特許侵害訴訟の訴訟代理を受任することができません。

ウ ○　適切です。

弁理士は、国際出願に関する特許庁における手続等についての代理等を行うことができます(弁理士法4条1項)。

問４ 解答・解説 ‐正解：ア

ア ○　適切です。

意匠登録出願前に日本国内又は外国において、頒布された刊行物に記載された意匠等は、新規性を喪失しているため、原則として、意匠登録を受けることができません(意匠法3条1項2号)。但し、意匠登録を受ける権利を有する者の行為に起因して新規性を喪失するに至った意匠は、新規性を喪失した日から1年以内に意匠登録出願をすることで、新規性喪失の例外の規定の適用を受けることができます(同法4条2項)。本問では、意匠登録を受ける権利を有する者の行為に起因して新規性を喪失するに至った意匠に該当すること、及び新規性を喪失する至った日から1年以内であることから、新規性喪失の例外の規定の適用を受ければ、意匠登録を受けることができます。

イ ×　適切ではありません。

意匠登録出願前に日本国内又は外国において公然知られた意匠に類似する意匠は、新規性を喪失しているため、原則として、意匠登録を受けることができません(意匠法3条1項3号)。また、新規性喪失の例外の規定を受ける対象は、意匠登録を受ける権利を有する者の意に反して新規性を喪失した意匠(同法4条1項)、もしくは意匠登録を受ける権利を有する者の行為に起因して新規性を喪失した意匠(同条2項)であるため、他人の意匠については、新規性喪失の例外の規定を適用することはできません。

ウ ×　適切ではありません。

物品の機能を確保するために不可欠な形状のみからなる意匠は、意匠登録を受けることができません(意匠法5条3号)。

問5

Check! □□□

ア～ウを比較して，著作権法上の著作物に関して，最も適切と考えられるものはどれか。

ア 文芸，学術，美術又は音楽の範囲に属するものである必要がある。

イ 産業の発達に寄与するものでなければならない。

ウ 著作権法で保護される著作物について，著作権法上に限定列挙されている。

問6

Check! □□□

ア～ウを比較して，商標登録出願に関して，最も不適切と考えられるものはどれか。

ア 地理的表示法に基づいて登録された名称であっても，商標登録を受けることができる。

イ 他人の周知な商標と類似する名称をその商品と類似する商品について使用する場合には，商標登録を受けることができない。

ウ 商品の普通名称は，いかなる方法で表示した場合でも，商標登録を受けることができない。

問5 解答・解説 正解：ア

ア ○　適切です。

著作権法上、「著作物」とは、思想又は感情を創作的に表現したものであって、文芸、学術、美術又は音楽の範囲に属するものをいいます(著作権法2条1項1号)。

イ ×　適切ではありません。

産業の発達に寄与することは特許法等の産業財産権法の目的です。なお、著作権法の目的は、文化の発展に寄与することです(著作権法1条)。

ウ ×　適切ではありません。

著作権法で保護される著作物については、著作権法上に例示列挙されています(著作権法10条1項各号)。

問6 解答・解説 正解：ウ

ア ○　適切です。

地理的表示法に基づいて登録された名称について、商標登録を受けることができない旨の規定はありません。

イ ○　適切です。

他人の業務に係る商品等を表示するものとして需要者の間に広く認識されている商標又はこれに類似する商標であって、その商品等又はこれらに類似する商品等について使用をする商標は、商標登録を受けることができません(商標法4条1項10号)。

ウ ×　適切ではありません。

商品等の普通名称を普通に用いられる方法で表示する標章のみからなる商標は、商標登録を受けることができません(商標法3条1項1号)。つまり、普通に用いられる方法以外で表示すれば、商標登録を受けることができます。

問7

Check! □□□

ア～ウを比較して，特許協力条約（PCT）における国際出願の国際公開の時期として，最も適切と考えられるものはどれか。

ア 優先日から18カ月経過後

イ 優先日から12カ月経過後

ウ 優先日から30カ月経過後

問8

Check! □□□

ア～ウを比較して，不正競争防止法に関して，最も適切と考えられるものはどれか。

ア 不正競争防止法において，商品の形態が同法第2条第1項第1号（周知表示混同惹起行為）における「商品等表示」に該当することはない。

イ 他人の商品の形態と同一であっても，その形態が，その商品の機能を確保するために不可欠なものであれば，不正競争防止法第2条第1項第3号（商品形態模倣行為）にいう「商品の形態」には該当しない。

ウ 不正競争防止法は，意匠権の効力の範囲外の商品の実施行為には適用されない。

問7 解答・解説 正解：ア

ア ○　適切です。
国際出願の国際公開は、原則として、国際出願の優先日から18カ月を経過した後速やかに行われます(PCT21条(2)(a))。

イ ×　適切ではありません。
アに記載の通りです。

ウ ×　適切ではありません。
アに記載の通りです。

問8 解答・解説 正解：イ

ア ×　適切ではありません。
「商品等表示」とは、人の業務に係る氏名、商号、商標、標章、商品の容器若しくは包装その他の商品又は営業を表示するものと規定されています(不正競争防止法2条1項1号)。また、「商品の形態」とは、需要者が通常の用法に従った使用に際して知覚によって認識することができる商品の外部及び内部の形状並びにその形状に結合した模様、色彩、光沢及び質感をいう、と規定されています(同法2条4項)。したがって、少なくとも商品の容器等は、知覚によって認識することができる商品の形状に該当するため、商品の形態は商品等表示に該当します。

イ ○　適切です。
商品の形態から商品の機能を確保するために不可欠な形態は除かれています(不正競争防止法2条1項3号かっこ書)。

ウ ×　適切ではありません。
このような規定はありません。

問9

Check! □□□

ア～ウを比較して，種苗法において品種登録を受けるための要件の1つとして，最も適切と考えられるものはどれか。

ア 均一性

イ 創作性

ウ 有用性

問10

Check! □□□

ア～ウを比較して，職務著作に関して，最も不適切と考えられるものはどれか。

ア 法人の発意に基づき法人の業務に従事する者が職務上作成するものであれば，法人以外が著作者となることはない。

イ プログラムの著作物については，法人の著作者名義の下に公表しなくても職務著作となることがある。

ウ 法人の業務に従事する者により職務上作成されるものであれば，勤務時間外に自宅で作成してもその法人が著作者となることがある。

問9 解答・解説 正解：ア

ア ○　適切です。
同一の繁殖の段階に属する植物体の全てが特性の全部において十分に類似していること、すなわち均一性が品種登録要件の1つとして規定されています(種苗法3条1項2号)。なお、他の要件として、区別性(同条1項1号)、安定性(同条1項3号)、名称の適切性(同法4条1項各号)、未譲渡性(同条2項)があります。

イ ×　適切ではありません。
アに記載の通りです。

ウ ×　適切ではありません。
アに記載の通りです。

問10 解答・解説 正解：ア

ア ×　適切ではありません。
①法人等の発意に基づき②その法人等の業務に従事する者が③職務上作成する著作物(プログラムの著作物を除く)で、④その法人等が自己の著作の名義の下に公表するものの著作者は、⑤その作成の時における契約、勤務規則その他に別段の定めがない限り、その法人等とすることが規定されています。(著作権法15条1項)。本問では、①～③の要件を満たしますが、④及び⑤の要件を満たさなければ、法人以外が著作者となります。

イ ○　適切です。
①法人等の発意に基づき②その法人等の業務に従事する者が③職務上作成するプログラムの著作物の著作者は、④その作成の時における契約、勤務規則その他に別段の定めがない限り、その法人等とすることが規定されています(著作権法15条2項)。このように、アに記載したプログラム以外の職務著作の規定とは異なり、プログラムの職務著作については、法人の著作者名義の下に公表すること(アの④)が要件とはなっていません。

ウ ○　適切です。
法人が著作者となる要件はアに記載した通りであり、著作物を作成した時間、場所については規定されていません。本問では、②及び③の要件を満たすため、他の要件を満たすことで、法人が著作者となることがあります。

問11

Check! □□□

ア～ウを比較して，契約内容が履行されない場合の措置として，最も<u>不適切</u>と考えられるものはどれか。

ア 自力救済

イ 契約の解除

ウ 強制履行

問12

Check! □□□

ア～ウを比較して，独占禁止法に関して，最も<u>不適切</u>と考えられるものはどれか。

ア カルテルとは，２以上の事業者が，価格や販売数量等を制限する合意や協定を結び，競争を実質的に制限することをいう。

イ 特許権のライセンス契約において，ライセンスの期間及び地域を限定した場合，独占禁止法上の禁止行為に該当する可能性は高い。

ウ 複数の特許権者が保有する特許権について，一括してライセンスする仕組みであるパテントプールは，一定の者に対しライセンス付与を拒否した場合に独占禁止法上の問題となるので注意する必要がある。

問11 解答・解説 正解：ア

ア × 適切ではありません。

民法上、自力救済については禁止されています。なお、「自力救済」とは、権利者が、公権力の力を借りずに自らの実力で権利を実現することです。

イ ○ 適切です。

民法上、契約の解除について規定されています(民法541条1項)。なお、「契約の解除」とは、契約の一方の当事者の意思表示によって、すでに有効に成立した契約の効力を解消させて、その契約が初めから存在しなかったと同様の法律効果を生じさせることです。

ウ ○ 適切です。

民法上、強制履行について規定されています(民法414条1項)。なお、「強制履行」とは、債務者が債務を履行しない場合、債権者が裁判所に訴えて、国家権力により強制的に履行させることです。

問12 解答・解説 正解：イ

ア ○ 適切です。

問題文の通りです。なお、公正取引委員会のHPには、「カルテル」は、事業者又は業界団体の構成事業者が相互に連絡を取り合い、本来、各事業者が自主的に決めるべき商品の価格や販売・生産数量等を共同で取り決める行為と規定されています。

イ × 適切ではありません。

独占禁止法上、ライセンスの期間及び地域を限定することは、不公正な取引方法、並びにその他の禁止行為として規定されていません(独占禁止法2条9項各号等参照)。

ウ ○ 適切です。

一定の製品市場において競争関係にある事業者が、製品を供給するために必要な技術についてパテントプールを形成し、他の事業者に対するライセンスはパテントプールを通じてのみ行うこととする場合において、新規参入者や特定の既存事業者に対するライセンスを合理的理由なく拒絶する行為は、この製品の取引分野における競争を実質的に制限する場合には、不当な取引制限に該当し、独占禁止法上の問題となります(知的財産の利用に関する独占禁止法上の指針．第3 私的独占及び不当な取引制限の観点からの考え方．2 不当な取引制限の観点からの検討．(1) パテントプール．エ)。なお、「パテントプール」とは、ある技術についての権利を有する複数の者が、それぞれが有する権利又はこの権利についてライセンスをする権利を一定の企業体や組織に集中し、この企業体や組織体を通じてパテントプールの構成員等が必要なライセンスを受けるものをいいます。

問13

Check! □□□

ア～ウを比較して，商標法の保護対象として，最も<u>不適切</u>と考えられるものはどれか。

ア 記号と立体的形状の結合した商標

イ ホログラム商標

ウ 文字とにおいの結合した商標

問14

Check! □□□

ア～ウを比較して，著作権法上，映画の著作物の著作権が映画製作者に帰属するための要件として，最も適切と考えられるものはどれか。

ア 当該映画の著作物の著作権者として，映画製作者が自らの実名を登録すること

イ 当該映画の原作者が，原作の利用に同意していること

ウ 当該映画の著作物の著作者が，映画製作者に対し，映画の著作物の製作への参加を約束していること

問13 解答・解説 正解：ウ

ア ○　適切です。

「商標」とは、人の知覚によって認識することができるもののうち、文字、図形、記号、立体的形状若しくは色彩又はこれらの結合、音その他政令で定める所定ものをいいます（商標法2条1項柱書）。

イ ○　適切です。

ホログラムの商標は保護対象として規定されています（商標法5条4項、及び商標法施行規則4条の8第1項2号）。

ウ ×　適切ではありません。

アに記載の通り、文字については保護対象として規定されていますが、においについては規定されていません。

問14 解答・解説 正解：ウ

ア ×　適切ではありません。

著作者は、原則として、著作権を享有します（著作権法17条1項）。但し、映画の著作物の著作権は、その著作者が映画製作者に対し映画の著作物の製作に参加することを約束しているときは、映画製作者に帰属します（著作権法29条1項）。

イ ×　適切ではありません。

アに記載の通りです。

ウ ○　適切です。

アに記載の通りです。

問15

Check! □□□

ア～ウを比較して，特許を受けることができる発明に該当するものとして，最も適切と考えられるものはどれか。

ア 特許出願後であって，出願審査の請求前に公然実施された発明

イ 特許出願前に，外国において公然知られた発明

ウ 特許出願前に，電気通信回線を通じて公衆に利用可能となった発明

問16

Check! □□□

ア～ウを比較して，商標法に規定されている制度として，最も不適切と考えられるものはどれか。

ア 分割出願制度

イ 出願審査請求制度

ウ 出願公開制度

問15 解答・解説 正解：ア

ア ○　適切です。

①特許出願前に②日本国内又は外国において③公然実施をされた発明は、特許を受けることができません(特許法29条1項2号)。本問の発明は、①の要件を満たさないため、新規性以外の特許要件を満たすことを条件に特許を受けることができます。

イ ×　適切ではありません。

①特許出願前に②日本国内又は外国において③公然知られた発明は、特許を受けることができません(特許法29条1項1号)。

ウ ×　適切ではありません。

①特許出願前に②日本国内又は外国において、③頒布された刊行物に記載された発明又は電気通信回線を通じて公衆に利用可能となった発明は、特許を受けることができません(特許法29条1項3号)。

問16 解答・解説 正解：イ

ア ○　適切です。

商標法上、分割出願制度が規定されています(商標法10条)。

イ ×　適切ではありません。

商標法上、出願審査請求制度は規定されていません。なお、出願審査請求制度は、特許法に特有の規定です(特許法48条の3)。

ウ ○　適切です。

商標法上、出願公開制度が規定されています(商標法12条の2)。なお、特許法においても、出願公開制度が規定されています(特許法64条)。

問17

Check! □□□

ア〜ウを比較して，著作権の存続期間に関して，最も<u>不適切</u>と考えられるものはどれか。

ア 無名又は変名の著作物の場合，公表後70年を経過するまでの間，存続する。

イ 共同著作物の場合，未公表の場合は創作後70年，公表されたときは公表後70年を経過するまでの間，存続する。

ウ 映画の著作物の場合，未公表の場合は創作後70年，公表されたときは公表後70年を経過するまでの間，存続する。

問18

Check! □□□

ア〜ウを比較して，特許権の侵害に関して，最も適切と考えられるものはどれか。

ア 特許権者は不当利得返還請求及び信用回復措置請求のいずれもすることはできない。

イ 特許権者は不当利得返還請求及び信用回復措置請求をすることができる。

ウ 特許権者は不当利得返還請求をすることはできないが，信用回復措置請求をすることはできる。

問17 解答・解説 正解：イ

ア ○　適切です。

無名又は変名の著作物の著作権は、原則として、その著作物の公表後70年を経過するまでの間、存続します（著作権法52条1項本文）。

イ ×　適切ではありません。

共同著作物の著作権は、原則として、最終に死亡した著作者の死後70年を経過するまでの間、存続します（著作権法51条2項かっこ書）。

ウ ○　適切です。

映画の著作物の著作権は、その著作物の公表後70年（その著作物がその創作後70年以内に公表されなかったときは、その創作後70年）を経過するまでの間、存続します（著作権法54条1項、及び同項かっこ書）。

問18 解答・解説 正解：イ

ア ×　適切ではありません。

特許権者は、特許権の侵害に対して、差止請求（特許法100条）、損害賠償請求（民法709条）、不当利得返還請求（同法703条、及び同法704条）、及び信用回復措置請求（特許法106条）をすることができます。

イ ○　適切です。

アに記載の通りです。

ウ ×　適切ではありません。

アに記載の通りです。

問19

Check! □□□

ア〜ウを比較して，特許協力条約（PCT）において規定されている制度に関して，最も不適切と考えられるものはどれか。

ア 日本国特許庁に対して，日本語又は英語により出願書類を作成し，国際出願することができる。

イ 優先日から18カ月以内に国際調査の請求をしなければ，国際調査報告を受けることはできない。

ウ 国際調査機関の書面による見解は，国際調査報告と同時に作成される。

問20

Check! □□□

ア〜ウを比較して，譲渡の対象となる権利として，最も不適切と考えられるものはどれか。

ア 意匠権

イ 著作者人格権

ウ 特許を受ける権利

問19 解答・解説 正解：イ

条約

ア ○　適切です。

問題文の通りです（特許庁「PCT国際出願制度の概要 ～海外で賢く特許権を取得するPCTの仕組み～」p.16）。

イ ×　適切ではありません。

国際調査は、すべての国際出願に対して行われ、その結果は、国際調査報告として出願人に提供されます（特許庁「PCT国際出願制度の概要 ～海外で賢く特許権を取得するPCTの仕組み～」p.14）。

ウ ○　適切です。

問題文の通りです（特許庁「PCT国際出願制度の概要 ～海外で賢く特許権を取得するPCTの仕組み～」p.18）。

問20 解答・解説 正解：イ

特許・実用新案

意匠

著作権

ア ○　適切です。

意匠権は譲渡することができます（意匠法36条で準用する特許法98条1項1号）。

イ ×　適切ではありません。

著作者人格権は、著作者の一身に専属し、譲渡することができません（著作権法59条）。

ウ ○　適切です。

特許を受ける権利は譲渡することができます（特許法33条1項）。

問21

Check! □□□

ア〜ウを比較して，意匠権侵害であると警告された場合の対応として，最も<u>不適切</u>と考えられるものはどれか。

ア 実際に意匠権が存続しているか，警告者が意匠権者であるかということを意匠原簿で確認する。

イ 異議申立期間中であり，かつ取消理由が存在する場合には，登録異議の申立てをする。

ウ 意匠登録について，無効理由が存在する場合には，意匠登録無効審判を請求する。

問22

Check! □□□

ア〜ウを比較して，レコード製作者の権利として，最も<u>不適切</u>と考えられるものはどれか。

ア 複製権

イ 送信可能化権

ウ 同一性保持権

問21 解答・解説 -正解：イ

ア ○　適切です。

意匠権が存在していなければ、意匠権侵害を否認することができ、また、警告者が意匠権者でなければ不当な警告であることを主張できるので、いずれも警告を受けた場合の対応として適切です。

イ ×　適切ではありません。

意匠法上、登録異議の申立てについては規定されていません。なお、特許異議の申立て、登録異議の申立てについては、それぞれ特許法113条、商標法43条の2に規定されています。

ウ ○　適切です。

意匠登録無効審判において、意匠登録を無効にすべき旨の審決が確定したときは、意匠権は、初めから存在しなかったものとみなされます(意匠法49条)。つまり、意匠権侵害を回避できるので、警告を受けた場合の対応として適切です。

問22 解答・解説 -正解：ウ

ア ○　適切です。

レコード製作者は、そのレコードを複製する権利(複製権)を専有します(著作権法96条)。

イ ○　適切です。

レコード製作者は、そのレコードを送信可能化する権利(送信可能化権)を専有します(著作権法96条の2)。

ウ ×　適切ではありません。

レコード製作者は、同一性保持権を有しません。なお、レコード製作者の権利と同じく著作隣接権として規定されている実演家の権利には、実演家人格権の1つとして同一性保持権が規定されています(著作権法90条の3)。

問23

Check! □□□

ア〜ウを比較して，意匠法に関して，最も適切と考えられるものはどれか。

ア 意匠登録出願は，出願日から3年以内に出願審査請求を行わなかった場合には，取り下げたものとみなされる。

イ 秘密意匠としての請求をしていない意匠登録出願であっても，意匠登録前に特許庁から出願公開されることはない。

ウ 意匠権は，設定登録日から15年間存続し，更新することができない。

問24

Check! □□□

ア〜ウを比較して，特許出願の出願審査の請求の手続に関して，最も適切と考えられるものはどれか。

ア 特許出願人以外の第三者は出願審査の請求をすることができない。

イ 特許出願人が出願審査の請求を行った場合であっても，審査官が審査に着手する前であれば，特許出願人は出願審査の請求を取り下げることができる。

ウ 特許出願と同時に出願審査の請求をすることができる。

問23 解答・解説 -正解：イ

ア ×　適切ではありません。

意匠法上、出願審査請求については規定されていません。なお、特許出願は、出願日から3年以内に出願審査請求を行わなかった場合には、取り下げたものとみなされます(特許法48条の3第4項)。

イ ○　適切です。

意匠法上、出願公開については規定されていません。なお、秘密意匠制度は、意匠登録出願人が、意匠権の設定の登録の日から3年以内の期間を指定して、その期間その意匠を秘密にすることを請求することができる制度です(意匠法14条1項)

ウ ×　適切ではありません。

意匠権の存続期間は、意匠登録出願の日から25年をもって終了します(意匠法21条1項)。

問24 解答・解説 -正解：ウ

ア ×　適切ではありません。

特許出願があったときは、何人も、その日から3年以内に、特許庁長官にその特許出願について出願審査の請求をすることができます(特許法48条の3第1項)。

イ ×　適切ではありません。

出願審査の請求は、取り下げることができません(特許法48条の3第3項)。

ウ ○　適切です。

アに記載の「その日」とは特許出願の日を意味します。したがって、特許出願と同時に出願審査の請求をすることができます。

問25

Check! □□□

ア～ウを比較して，著作権法における編集著作物に関する次の文章の空欄［ 1 ］～［ 2 ］に入る語句の組合せとして，最も適切と考えられるものはどれか。

編集著作物とは，編集物（［ 1 ］に該当するものを除く）で，その［ 2 ］の選択又は配列によって創作性を有するものをいう。

ア ［ 1 ］＝データベース　［ 2 ］＝著作物

イ ［ 1 ］＝データベース　［ 2 ］＝素材

ウ ［ 1 ］＝映画の著作物　［ 2 ］＝素材

問26

Check! □□□

ア～ウを比較して，特許法の目的に関する次の文章の空欄［ 1 ］に入る語句として，最も適切と考えられるものはどれか。

この法律は，発明の保護及び利用を図ることにより，発明を奨励し，もって［ 1 ］の発達に寄与することを目的とする。

ア 工業

イ 産業

ウ 経済

問25 解答・解説 正解：イ

ア × 適切ではありません。
編集著作物とは、編集物(データベースに該当するものを除く)でその素材の選択又は配列によって創作性を有するものと規定されています(著作権法12条1項)。

イ ○ 適切です。
アに記載の通りです。

ウ × 適切ではありません。
アに記載の通りです。

問26 解答・解説 正解：イ

ア × 適切ではありません。
特許法の目的に関する特許法1条は以下のように規定されています。「この法律は、発明の保護及び利用を図ることにより、発明を奨励し、もって産業の発達に寄与することを目的とする。」

イ ○ 適切です。
アに記載の通りです。

ウ × 適切ではありません。
アに記載の通りです。

問27

Check! □□□

ア～ウを比較して，意匠登録出願に基づいてパリ条約による優先権を主張して外国に意匠登録出願をすることができる期間として，最も適切と考えられるものはどれか。

ア 最先の意匠登録出願の日から18カ月

イ 最先の意匠登録出願の日から12カ月

ウ 最先の意匠登録出願の日から6カ月

問28

Check! □□□

ア～ウを比較して，商標法に規定されている審判等に関して，最も適切と考えられるものはどれか。

ア 商品の品質の誤認を生じるおそれがあることを理由として商標登録無効審判を請求することはできない。

イ 登録異議の申立ては，商標掲載公報の発行の日から3カ月以内であれば何人も請求することができる。

ウ 不使用取消審判は，利害関係人でなくても請求することができる。

問27 解答・解説 正解：ウ

ア × 適切ではありません。
パリ条約による優先権の優先期間は、特許及び実用新案については12カ月、意匠及び商標については6カ月とされています(パリ条約4条C(1))。

イ × 適切ではありません。
アに記載の通りです。

ウ ○ 適切です。
アに記載の通りです。

問28 解答・解説 正解：ウ

ア × 適切ではありません。
商標登録が商標法4条1項等の規定に違反してされたとき、その商標登録を無効にすることについて審判を請求することができます(同法46条1項1号)。ここで、同法4条1項16号には、商標登録を受けることができない商標として、商品の品質等の誤認を生ずるおそれがある商標が規定されています。したがって、本問の場合、商標登録無効審判を請求することができます。

イ × 適切ではありません。
何人も、商標掲載公報の発行の日から2月以内に限り、登録異議の申立てをすることができます(商標法43条の2第1項)。

ウ ○ 適切です。
継続して3年以上日本国内において商標権者等が各指定商品等についての登録商標の使用をしていないときは、何人も、その指定商品等に係る商標登録を取り消すことについて審判を請求することができます(商標法50条1項)。

問29

Check! □□□

ア〜ウを比較して，実演家の権利として，最も<u>不適切</u>と考えられるものはどれか。

ア 同一性保持権

イ 氏名表示権

ウ 公表権

問30

Check! □□□

ア〜ウを比較して，特許法に規定する出願公開の請求に関して，最も適切と考えられるものはどれか。

ア 特許出願人に限り，出願公開の請求をすることができる。

イ 何人も，出願公開の請求をすることができる。

ウ 特許出願人及び利害関係人に限り，出願公開の請求をすることができる。

問29 解答・解説 正解：ウ

ア ○　適切です。
氏名表示権(著作権法90条の2)、及び同一性保持権(同法90条の3)は、実演家人格権として規定されていますが、公表権については規定されていません。

イ ○　適切です。
アに記載の通りです。

ウ ×　適切ではありません。
アに記載の通りです。

問30 解答・解説 正解：ア

ア ○　適切です。
特許出願人は、その特許出願について出願公開の請求をすることができます(特許法64条の2第1項柱書)。また、特許出願人以外の者が出願公開の請求をすることができることを定めた例外規定はありません。

イ ×　適切ではありません。
アに記載の通りです。

ウ ×　適切ではありません。
アに記載の通りです。

<過去問編>

第41回
知的財産管理技能検定®

3級 学科試験

[問題と解答]

(はじめに)

すべての問題文の条件設定において，特に断りのない限り，他に特殊な事情がないものとします。また，各問題の選択肢における条件設定は独立したものと考え，同一問題内における他の選択肢には影響しないものとします。

特に日時の指定のない限り，2021年9月1日現在で施行されている法律等に基づいて解答しなさい。

解答は，選択肢ア～ウの中から1つ選びなさい。

問1

Check! □□□

ア～ウを比較して，特許出願の際，必ずしも願書に添付しなくてもよい書類として，最も適切と考えられるものはどれか。

ア 要約書

イ 図面

ウ 明細書

問2

Check! □□□

ア～ウを比較して，著作者人格権に関して，最も不適切と考えられるものはどれか。

ア 著作者は文化庁への登録をしなくても著作者人格権を有する。

イ 著作者の意に反して著作物の題号を改変することは，同一性保持権の侵害となる。

ウ 著作者の死後に著作物が改変された場合，何人もこの改変行為を差し止めることはできない。

問1 解答・解説 正解：イ

特許・実用新案

ア × 適切ではありません。

願書には、明細書、特許請求の範囲、必要な図面及び要約書を添付します（特許法36条2項）。

イ ○ 適切です。

アに記載の通り、「必要な」とあることから、図面の添付は任意です。

ウ × 適切ではありません。

アに記載の通りです。

問2 解答・解説 正解：ウ

ア ○ 適切です。

著作者は、著作者人格権を享有します（著作権法17条1項）。また、著作者人格権の享有には、いかなる方式の履行をも要しません（同条2項）。つまり、著作者は文化庁への登録をしなくても著作者人格権を有します。なお、著作権についても同様に規定されています。

イ ○ 適切です。

同一性保持権については、「著作者は、その著作物及びその題号の同一性を保持する権利を有し、その意に反してこれらの変更、切除その他の改変を受けないものとする。」と規定されています（著作権法20条1項）。

ウ × 適切ではありません。

著作物を公衆に提供し、又は提示する者は、その著作物の著作者が存しなくなった後においても、原則として、著作者が存しているとしたならばその著作者人格権の侵害となるべき行為をしてはいけません（著作権法60条本文）。また、著作者等の死後においては、その遺族は、著作者等について同法60条等の規定に違反する行為をする者又はするおそれがある者に対し差止請求等をすることができます（同法116条1項）。イに記載した通り、著作物の改変は、著作者人格権の1つである同一性保持権の侵害にあたるため、著作者の遺族は本問の改変行為に対して差止請求をすることができます。

問3 Check! □□□

ア～ウを比較して，商標権等に関して，最も不適切と考えられるものはどれか。

ア 地理的表示の登録主体は，法人格のある生産・加工業者の団体であり，法人格のない団体は登録主体となることができない。

イ 専用使用権は，指定商品又は指定役務について登録商標を独占排他的に使用することができる権利であり，特許庁に登録しなければ効力を生じない。

ウ 商標権に係る指定商品又は指定役務が複数ある場合には，指定商品又は指定役務毎に分割して移転することができる。

問4 Check! □□□

ア～ウを比較して，不正競争防止法に規定されている不正競争行為として，最も不適切と考えられるものはどれか。

ア 競争関係にない他人の営業上の信用を害する虚偽の事実を告知する行為

イ 他人の商品の形態を模倣した商品を販売する行為

ウ 商品の品質を誤認させるような表示をする行為

問3 解答・解説 正解：ア

ア × 適切ではありません。

地理的表示の登録申請者としては、所定の団体であることが求められますが、法人格の有無は問われません（農林水産省食料産業局「地理的表示保護制度登録申請マニュアル」p.37）。

イ ○ 適切です。

専用使用権者は、設定行為で定めた範囲内において、指定商品又は指定役務について登録商標の使用をする権利を専有します（商標法30条2項）。また、専用使用権は特許庁に登録しなければ効力を生じません（同法30条4項で準用する特許法98条1項2号）。

ウ ○ 適切です。

商標権の移転は、その指定商品又は指定役務が2以上あるときは、指定商品又は指定役務ごとに分割してすることができます（商標法24条の2第1項）。

問4 解答・解説 正解：ア

ア × 適切ではありません。

競争関係にある他人の営業上の信用を害する虚偽の事実を告知し、又は流布する行為が、不正競争行為として規定されています（不正競争防止法2条1項21号）。

イ ○ 適切です。

他人の商品の形態を模倣した商品を譲渡等する行為は、不正競争行為として規定されています（不正競争防止法2条1項3号）。

ウ ○ 適切です。

商品等にその商品の品質等について誤認させるような表示等をする行為は、不正競争行為として規定されています（不正競争防止法2条1項20号）。

問5

Check! □□□

ア～ウを比較して，著作隣接権に関して，最も<u>不適切</u>と考えられるものはどれか。

ア　レコード製作者の著作隣接権は，レコードに固定されている音を最初に固定した者に発生する。

イ　実演家は，実演家人格権として，公表権と同一性保持権を有する。

ウ　放送事業者及び有線放送事業者の著作隣接権の存続期間は，その放送又は有線放送が行われた日の属する年の翌年から起算する。

問6

Check! □□□

ア～ウを比較して，意匠権の効力に関して，最も<u>不適切</u>と考えられるものはどれか。

ア　意匠権の効力は，物品が同一又は類似で形態が同一又は類似の意匠だけに及び，物品が非類似で形態が類似する意匠にまで及ぶことはない。

イ　試験又は研究のために登録意匠を実施する場合には，意匠権者の許諾を得ていなくとも，実施することができる。

ウ　登録意匠とそれ以外の意匠が類似するか否かの判断は，その意匠の属する分野における通常の知識を有する者の視覚を通じて起こさせる美感に基づいて行うものとする。

問5 解答・解説 正解：イ

ア ○　適切です。

「レコード製作者」とは、レコードに固定されている音を最初に固定した者をいいます(著作権法2条1項6号)。レコード製作者は、レコード製作者の著作隣接権を享有します(同法89条2項)。

イ ×　適切ではありません。

実演家は、実演家人格権として、氏名表示権(著作権法90条の2)と同一性保持権(同法90条の3)を有しますが、公表権は有しません。

ウ ○　適切です。

放送事業者及び有線放送事業者の著作隣接権の存続期間は、その放送又は有線放送が行われた日の属する年の翌年から起算します(著作権法101条2項3号、及び同項4号)。なお、実演家の著作隣接権の存続期間は、その実演が行われた日の属する年の翌年から起算し(同項1号)、レコード製作者の著作隣接権の存続期間は、その発行が行われた日の属する年の翌年から起算します(同項2号)。

問6 解答・解説 正解：ウ

ア ○　適切です。

意匠権者は、業として登録意匠又はこれに類似する意匠の実施をする権利を専有します(意匠法23条)。ここで、形態が類似しても物品が非類似あれば、意匠としては非類似であるため、意匠権の効力はこの意匠には及びません。

イ ○　適切です。

意匠権の効力は、試験又は研究のためにする登録意匠の実施には及ばないため(意匠法36条で準用する特許法69条1項)、本問の場合、意匠権者の許諾を得ていなくとも、登録意匠を実施することができます。

ウ ×　適切ではありません。

登録意匠とそれ以外の意匠が類似であるか否かの判断は、需要者の視覚を通じて起こさせる美感に基づいて行うものとすることが規定されています(意匠法24条2項)。

問7

Check! □□□

ア～ウを比較して，特許協力条約（PCT）に基づく国際出願における国際調査に関して，最も不適切と考えられるものはどれか。

ア 国際調査は，出願人が所定の期間内に国際調査機関に対して国際調査の請求を行うことにより開始される。

イ 国際調査は，明細書及び図面に妥当な考慮を払った上で，請求の範囲に基づいて行われる。

ウ 各国際出願は，国際調査の対象とされる。

問8

Check! □□□

ア～ウを比較して，商標法における審判に関して，最も適切と考えられるものはどれか。

ア 拒絶査定を受けた者は，その査定に不服があるときは，拒絶査定不服審判を請求することができる。

イ 何人も商標登録無効審判を請求することができるが，登録異議の申立ては，利害関係人のみに限られる。

ウ 不使用取消審判が請求された場合であっても，継続して３年以上日本国内において商標権者，専用使用権者又は質権者のいずれかが各指定商品についての登録商標の使用をしているときには，その指定商品に係る商標登録は取り消されない。

問7 解答・解説 正解：ア

ア × 適切ではありません。

国際調査は、すべての国際出願に対して行われます(特許庁「PCT国際出願制度の概要 ～海外で賢く特許権を取得するPCTの仕組み～」p.14)。つまり、国際調査の請求のような手続は必要ありません。

イ ○ 適切です。

国際調査は、明細書及び図面に妥当な考慮を払った上で、請求の範囲に基づいて行われます(PCT15条(3))。

ウ ○ 適切です。

各国際出願は、国際調査の対象とされます(PCT15条(1))。

問8 解答・解説 正解：ア

ア ○ 適切です。

拒絶をすべき旨の査定を受けた者は、その査定に不服があるときは、審判を請求することができます(商標法44条1項)。なお、特許法(121条1項)、意匠法(46条1項)においても同様の規定があります。

イ × 適切ではありません。

何人も登録異議の申立てをすることができ(商標法43条の2第1項)、利害関係人のみが商標登録無効審判を請求することができます(同法46条2項)。

ウ × 適切ではありません。

不使用取消審判の請求があった場合においては、①その審判の請求の登録前3年以内に②日本国内において③商標権者、専用使用権者又は通常使用権者のいずれかが④その請求に係る指定商品等のいずれかについての登録商標の使用をしていることを被請求人が証明しない限り、原則として、その指定商品又は指定役務に係る商標登録は取り消されます(商標法50条2項本文)。本問のように、質権者が登録商標を使用していても、商標登録は取り消されます。

問9

Check! □□□

ア〜ウを比較して，著作物の権利譲渡契約に関して，最も適切と考えられるものはどれか。

ア 音楽の著作物の複製権を譲渡するときは，その著作物の上演権及び演奏権も一緒に譲渡しなければならない。

イ 適法に購入した言語の著作物の複製物を，第三者に譲渡する場合，著作権者から譲渡権を譲り受ける必要はない。

ウ すべての著作権を譲り受ければ，著作者人格権も譲り受けることができる。

問10

Check! □□□

ア〜ウを比較して，知的所有権の貿易関連の側面に関する協定（TRIPS協定）に関して，最も<u>不適切</u>と考えられるものはどれか。

ア TRIPS協定では，内国民待遇の原則が採用されている。

イ TRIPS協定では，意匠については規定されているが，著作権については規定されていない。

ウ TRIPS協定では，知的所有権に関する紛争解決について規定されている。

問9 解答・解説 正解：イ

ア × 適切ではありません。

著作権は、その全部又は一部を譲渡することができます（著作権法61条1項）。つまり、複数の著作権のうち、1つだけを譲渡することができます。また、複製権を譲渡する場合について定めた例外規定もありません。

イ ○ 適切です。

著作者は、その著作物をその原作品又は複製物の譲渡により公衆に提供する権利（譲渡権）を専有します（著作権法26条の2第1項）。譲渡権を有する者等により公衆に譲渡された著作物の原作品又は複製物を譲渡する場合には、譲渡権の効力は及びません（同条2項1号）。

ウ × 適切ではありません。

著作者人格権は、著作者の一身に専属し、譲渡することができません（著作権法59条）。また、すべての著作権を譲り受ければ、著作者人格権も譲り受けることを定めた例外規定はありません。

問10 解答・解説 正解：イ

ア ○ 適切です。

TRIPS協定では、内国民待遇の原則が採用されています（TRIPS協定3条）。なお、TRIPS協定では、最恵国待遇の原則についても規定されています（同法4条）。「最恵国待遇」とは、知的所有権の保護に関し、加盟国が他の国の国民に与える利益、特典、特権又は免除を、他のすべての加盟国の国民に対し即時かつ無条件に与えることをいいます（同条柱書）。

イ × 適切ではありません。

TRIPS協定では、意匠（TRIPS協定第2部第4節）についても、著作権（同法第2部第1節）についても規定されています。

ウ ○ 適切です。

TRIPS協定では、知的所有権に関する紛争解決について規定されています（TRIPS協定64条）。

問11

Check! □□□

ア～ウを比較して，著作物として保護されるものとして，最も<u>不適切</u>と考えられるものはどれか。

ア　プログラム言語

イ　建築

ウ　地図

問12

Check! □□□

ア～ウを比較して，商標登録を受けるための手続に関して，最も適切と考えられるものはどれか。

ア　商標登録出願の審査において拒絶理由通知を受けた場合，商標登録出願を意匠登録出願へと変更することができる。

イ　商標登録出願の審査を受けるにあたり，出願審査請求は必要とされていない。

ウ　商標登録出願の審査において拒絶理由通知を受けた場合，商標の図形や文字を変更する補正をすることができる。

問11 解答・解説 正解：ア

ア × 適切ではありません。
プログラムの著作物は、著作物として例示されていますが(著作権法10条1項9号)、プログラムの著作物を作成するために用いるプログラム言語、規約及び解法には、著作権法による保護が及ばないことが規定されています(同条3項柱書)。

イ ○ 適切です。
建築の著作物は、著作物として例示されています(著作権法10条1項5号)。

ウ ○ 適切です。
地図等の図形の著作物は、著作物として例示されています(著作権法10条1項6号)。

問12 解答・解説 正解：イ

ア × 適切ではありません。
商標法上、出願の変更については規定されていますが(商標法11条)、この規定は、本問のように商標登録出願を別の法律に係る出願へと変更することができる規定ではありません。

イ ○ 適切です。
商標法上、出願審査請求については規定されていません。なお、特許法においては、特許出願の審査を受けるにあたり、出願審査請求が必要です(特許法48条の2)。

ウ × 適切ではありません。
願書に記載した指定商品等又は商標登録を受けようとする商標についてした補正がこれらの要旨を変更するものであるときは、審査官は、決定をもってその補正を却下します(商標法16条の2第1項)。ここで、願書に記載した商標の補正は、原則として、要旨の変更であり、要旨の変更の類型として、商標中の文字、図形、記号又は立体的形状を変更、又は削除することが挙げられています(商標審査基準)。

問13　Check! □□□

ア～ウを比較して，品種登録の要件に関して，最も適切と考えられるものはどれか。

ア 同一の繁殖の段階に属する植物体のすべてが特性の主要な部分において十分類似していることが必要である。

イ 品種登録出願された品種の種苗又は収穫物が，出願日から1年遡った日前に，外国において業として譲渡されていないことが必要である。

ウ 品種登録出願前に国内外で公然知られた他の品種と特性の全部又は一部によって明確に区別されることが必要である。

問14　Check! □□□

ア～ウを比較して，著作物に関して，最も適切と考えられるものはどれか。

ア 著作物は，創作性がなければならないため，表現に選択の幅があるほど著作物となる可能性が高い。

イ 著作物は，文芸，学術，美術又は音楽の範囲に属するものでなければならないため，創作性があっても図面は著作物として保護されない。

ウ アイデア自体は，著作物として保護される。

問13 解答・解説 -正解：ウ

ア × 適切ではありません。
同一の繁殖の段階に属する植物体の全てが特性の全部において十分に類似している品種については登録を受けることができます(種苗法3条1項2号)。なお、この要件を均一性といいます。

イ × 適切ではありません。
出願品種の種苗又は収穫物が、日本国内において品種登録出願の日から1年遡った日前に、外国において当該品種登録出願の日から4年遡った日前に、それぞれ業として譲渡されていた場合には、原則として、品種登録を受けることができません(種苗法4条2項本文)。なお、この要件を未譲渡性といいます。

ウ ○ 適切です。
品種登録出願前に日本国内又は外国において公然知られた他の品種と特性の全部又は一部によって明確に区別される品種については登録を受けることができます(種苗法3条1項1号)。なお、この要件を区別性といいます。

問14 解答・解説 -正解：ア

ア ○ 適切です。
問題文の通りです。「表現の選択の幅」とは、ある作品に著作権を付与しても、なお他の者が創作を行うことができる余地のことをいいます。

イ × 適切ではありません。
図面等の図形の著作物は、著作物として例示されているため(著作権法10条1項6号)、著作物として保護されます。

ウ × 適切ではありません。
「著作物」とは、思想又は感情を創作的に表現したものであって、文芸、学術、美術又は音楽の範囲に属するものをいいます(著作権法2条1項1号)。つまり、表現していないアイデア自体は、著作物として保護されません。

問15

Check! □□□

ア～ウを比較して，特許法に規定される出願審査請求の手続に関して，最も適切と考えられるものはどれか。

ア 出願審査請求した後に，出願審査請求を取り下げることはできない。

イ 出願日から1年6カ月経過前は出願審査請求をすることはできない。

ウ 出願人及び利害関係人以外の者は出願審査請求をすることはできない。

問16

Check! □□□

ア～ウを比較して，著作権者の許諾を得ないで行うことができる行為として，最も適切と考えられるものはどれか。

ア 公表された著作物を，入学試験の目的上必要と認められる限度において，当該試験の問題として複製する行為

イ 技術的保護手段で保護された著作物を，この技術的保護手段をはずして複製する行為

ウ 営利を目的とした教育機関において，授業で使用する目的で，公表された著作物を複製する行為

問15 解答・解説 正解：ア

ア ○　適切です。
出願審査の請求は、取り下げることができません(特許法48条の3第3項)。

イ ×　適切ではありません。
特許出願があったときは、何人も、特許出願の日から3年以内に出願審査の請求をすることができます(特許法48条の3第1項)。

ウ ×　適切ではありません。
イに記載の通りです。

問16 解答・解説 正解：ア

ア ○　適切です。
著作者は、その著作物を複製する権利(複製権)を専有します(著作権法21条)。但し、公表された著作物については、入学試験等の試験又は検定の目的上必要と認められる限度において、原則として、当該試験又は検定の問題として複製し、又は公衆送信を行うことができます(同法36条1項)。

イ ×　適切ではありません。
私的使用のための複製について、「著作物は、個人的に又は家庭内その他これに準ずる限られた範囲内において使用すること(私的使用)を目的とするときは、次に掲げる場合を除き、その使用する者が複製することができる。」と規定されています(著作権法30条1項柱書)。ここで、「次に掲げる場合」として、技術的保護手段の回避により可能となった複製を、その事実を知りながら行う場合が規定されています(同項2号)。したがって、本問の行為は、私的使用のための複製には該当せず、複製権を侵害するため、著作権者の許諾を得ないで行うことはできません。

ウ ×　適切ではありません。
①学校その他の教育機関(②営利を目的として設置されているものを除く)において教育を担任する者及び授業を受ける者は、③その授業の過程における利用に供することを目的とする場合には、④その必要と認められる限度において、原則として、⑤公表された著作物を複製等することができます(著作権法35条1項)。本問では、②の要件を満たさず、複製権の侵害に該当するため、著作権者の許諾を得ないで行うことはできません。

問17

Check! □□□

ア～ウを比較して，意匠法上の制度に関する次の文章の空欄［ 1 ］～［ 3 ］に入る語句の組合せとして，最も適切と考えられるものはどれか。

意匠法には，［ 1 ］や［ 2 ］の制度は存在しないが，［ 3 ］の制度は存在する。

ア　［ 1 ］＝存続期間の更新登録　［ 2 ］＝登録無効審判
　　［ 3 ］＝補正却下決定不服審判

イ　［ 1 ］＝出願公開　［ 2 ］＝出願審査請求
　　［ 3 ］＝拒絶査定不服審判

ウ　［ 1 ］＝不使用取消審判　［ 2 ］＝職務創作
　　［ 3 ］＝技術評価

問18

Check! □□□

ア～ウを比較して，著作権等が侵害された場合に著作権者等がとり得る措置として，最も<u>不適切</u>と考えられるものはどれか。

ア 名誉回復の措置の請求

イ 著作権登録の無効請求

ウ 差止請求

問17 解答・解説 正解：イ

ア × 適切ではありません。
意匠法上、意匠登録無効審判について規定されています(意匠法48条)。

イ ○ 適切です。
問題文の通りです。なお、出願公開については特許法(64条)、及び商標法(12条の2)で規定されており、出願審査請求については特許法(48条の3)でのみ規定されています。

ウ × 適切ではありません。
意匠法上、職務創作について規定されており(意匠法15条3項で準用する特許法35条)、技術評価については規定されていません。なお、技術評価については、実用新案法(12条)でのみ規定されています。

問18 解答・解説 正解：イ

ア ○ 適切です。
著作権法上、名誉回復の措置の請求について規定されています(著作権法115条)。

イ × 適切ではありません。
著作権法上、このような規定はありません。

ウ ○ 適切です。
著作権法上、差止請求について規定されています(著作権法112条)。

問19

Check! □□□

ア～ウを比較して，実用新案法に関する次の文章の空欄［ 1 ］に入る語句として，最も適切と考えられるものはどれか。

実用新案登録出願は，新規性や進歩性などの登録要件について実体審査がされないので早期に実用新案権が設定登録される。また，その存続期間は，［ 1 ］をもって終了する。

ア ［ 1 ］＝設定登録の日から10年

イ ［ 1 ］＝設定登録の日から15年

ウ ［ 1 ］＝出願日から10年

問20

Check! □□□

ア～ウを比較して，二次的著作物に関して，最も適切と考えられるものはどれか。

ア 原著作物の著作権が存続期間の満了により消滅する場合，二次的著作物の著作権も同時に消滅する。

イ 原著作物の翻訳，映画化，編曲など，原著作物に新たな創作性を加えることにより創作された著作物は，二次的著作物となる。

ウ 二次的著作物を利用する場合，原著作物の著作権者の許諾は不要である。

問19 解答・解説 -正解：ウ

ア × 適切ではありません。
実用新案権の存続期間は、実用新案登録出願の日から10年をもって終了します（実用新案法15条）。

イ × 適切ではありません。
アに記載の通りです。

ウ ○ 適切です。
アに記載の通りです。

問20 解答・解説 -正解：イ

ア × 適切ではありません。
著作権は、その存続期間の満了により消滅します（著作権法51条2項）。また、二次的著作物の著作権について定めた例外規定はありません。したがって、原著作物の著作権が存続期間の満了により消滅しても、二次的著作物の著作権の存続期間が満了していなければ、二次的著作物の著作権は消滅しません。

イ ○ 適切です。
「二次的著作物」とは、著作物を翻訳し、編曲し、若しくは変形し、又は脚色し、映画化し、その他翻案することにより創作した著作物をいいます（著作権法2条1項11号）。

ウ × 適切ではありません。
二次的著作物の原著作物の著作者は、二次的著作物の利用に関し、二次的著作物の著作者が有するものと同一の種類の権利を専有します（著作権法28条）。つまり、二次的著作物を利用する場合、二次的著作物の著作者、及び原著作物の著作者両方の許諾が必要です。

問21

Check! □□□

ア〜ウを比較して，弁理士法に関して，最も<u>不適切</u>と考えられるものはどれか。

ア 弁理士は，裁判外紛争解決手続を単独で代理をすることはできない。

イ 弁理士でない者であっても，意匠権の登録料の納付の代理を業として行うことができる。

ウ 特許業務法人は，弁理士の業務を行うことができる。

問22

Check! □□□

ア〜ウを比較して，著作権に関して，最も適切と考えられるものはどれか。

ア 著作権者は，著作物の複製物を譲渡により公衆に提供する権利を専有する。

イ 頒布権を有する者は，音楽の著作物についてのみ，その複製物により頒布する権利を専有する。

ウ 著作権を譲渡するときは，当該著作物の原作品を譲渡しなければ，著作権の譲渡の効果は発生しない。

問21 解答・解説 正解：ア

ア × 適切ではありません。

弁理士は、特許等に関する権利についての事件の所定の裁判外紛争解決手続についての代理を行うことができます（弁理士法4条2項2号）。

イ ○ 適切です。

弁理士又は弁理士法人でない者は、他人の求めに応じ報酬を得て、特許等に関する特許庁における手続等についての代理（特許料の納付手続についての代理等を除く）等を業とすることができません（弁理士法75条）。つまり、弁理士でない者であっても、特許料の納付の代理を業として行うことができます。また、「特許料」については「登録料」と読み替え可能と解されます。

ウ ○ 適切です。

※令和4年4月より施行された令和3年改正弁理士法において、弁理士が所属する法人の名称を「特許業務法人」から「弁理士法人」に改めるよう規定されました。以下、本改正を踏まえた解説とします。

弁理士法人は、弁理士法4条1項の業務を行うほか、同条２項及び３項の業務の全部又は一部を行うことができます（弁理士法40条）。ここで、同法4条は弁理士の業務について定めた規定です。つまり、弁理士法人は、弁理士の業務を行うことができます。

問22 解答・解説 正解：ア

ア ○ 適切です。

著作者は、その著作物をその原作品又は複製物の譲渡により公衆に提供する権利（譲渡権）を専有します（著作権法26条の2第1項）。

イ × 適切ではありません。

著作者は、その映画の著作物をその複製物により頒布する権利（頒布権）を専有します（著作権法26条）。

ウ × 適切ではありません。

著作権は、その全部又は一部を譲渡することができます（著作権法61条）。これに対して、著作物の原作品を譲渡しなければ、著作権の譲渡の効果は発生しないことを定めた規定はありません。

問23

Check! □□□

ア～ウを比較して，特許ライセンス，共同開発に関して，独占禁止法上において問題となる可能性が低い行為として，最も適切と考えられるものはどれか。

ア 共同開発の成果である技術の第三者への実施許諾を制限する行為

イ ライセンスを受けた者が開発した改良発明について，ライセンスをした者に当該改良発明に係る権利を帰属させることを義務づける行為

ウ 特許発明に係るライセンスを受けた者に対し，ライセンス技術を用いた製品の販売価格を制限する行為

問24

Check! □□□

ア～ウを比較して，新規性を喪失した発明に関して，最も<u>不適切</u>と考えられるものはどれか。

ア 特許出願前に外国においてのみ公然知られた発明は，新規性を喪失した発明である。

イ 特許出願後，出願公開前に外国においてのみ公然実施された発明は，新規性を喪失した発明である。

ウ 特許出願前に電気通信回線を通じて公衆に利用可能となった発明であっても，新規性を喪失した発明とみなされない場合がある。

問23 解答・解説 -正解：ア

ア ○　適切です。

共同研究開発の成果の第三者への実施許諾を制限することは、原則として不公正な取引方法に該当せず、独占禁止法上、問題となる可能性が低いです（共同研究開発に関する独占禁止法上の指針．第2 共同研究開発の実施に伴う取決めに対する独占禁止法の適用について．2 不公正な取引方法に関する判断．(2) 共同研究開発の成果である技術に関する事項．ア 原則として不公正な取引方法に該当しないと認められる事項．[2]）。

イ ×　適切ではありません。

ライセンサーがライセンシーに対し、ライセンシーが開発した改良技術について、ライセンサー等にその権利を帰属させる義務、又はライセンサーに独占的ライセンスをする義務を課す行為は、原則として不公正な取引方法に該当します（知的財産の利用に関する独占禁止法上の指針．第4 不公正な取引方法の観点からの考え方．5 その他の制限を課す行為．(8) 改良技術の譲渡義務・独占的ライセンス義務．ア）。

ウ ×　適切ではありません。

ライセンサーがライセンシーに対し、ライセンス技術を用いた製品に関し、販売価格又は再販売価格を制限する行為は、原則として不公正な取引方法に該当します（知的財産の利用に関する独占禁止法上の指針．第4 不公正な取引方法の観点からの考え方．4 技術の利用に関し制限を課す行為．(3) 販売価格・再販売価格の制限）

問24 解答・解説 -正解：イ

ア ○　適切です。

特許出願前に日本国内又は外国において公然知られた発明は、特許を受けることができません（特許法29条1項1号）。ここで、「又は」と規定されていることから、外国においてのみ公然知られた発明も、新規性を喪失した発明に該当します。

イ ×　適切ではありません。

特許出願前に日本国内又は外国において公然実施をされた発明は、特許を受けることができません（特許法29条1項2号）。つまり、「特許出願後、出願公開前」に公然実施された発明は、新規性を喪失した発明には該当しません。

ウ ○　適切です。

特許出願前に日本国内又は外国において、頒布された刊行物に記載された発明又は電気通信回線を通じて公衆に利用可能となった発明は、特許を受けることができません（特許法29条1項3号）。但し、新規性喪失の例外の規定の適用を受けることで、新規性を喪失するに至らなかったとみなされます（同法30条1項、及び同条2項）。

問25

Check! □□□

ア～ウを比較して，著作権の存続期間に関して，最も<u>不適切</u>と考えられるものはどれか。

ア　個人の著作物の著作権の存続期間が満了しているかどうかを判断するためには，その著作者の死亡年だけでなくその月日も調査しなければならない。

イ　映画の著作物の著作権は，創作後70年以内に公表されないときは，創作後70年を経過するまでの間存続する。

ウ　著作権の存続期間は，著作物の創作の時に始まる。

問26

Check! □□□

ア～ウを比較して，商標権の効力と商標権の侵害に対する救済に関して，最も<u>不適切</u>と考えられるものはどれか。

ア　商標権者が，商標法上独占的に登録商標を使用できる範囲は，指定商品又は指定役務における登録商標の使用に限られる。

イ　商標権が侵害されたときには，商標権者には，損害賠償請求，差止請求が認められる。

ウ　商標権は，権利が存続している間であれば，専用権及び禁止権の範囲について，効力が及ばなくなることはない。

問25 解答・解説 正解：ア

ア × 適切ではありません。
著作権の存続期間の終期を計算するときは、著作者が死亡した日の属する年の翌年から起算します(著作権法57条)。つまり、死亡年を調査すれば足ります。

イ ○ 適切です。
映画の著作物の著作権は、その著作物の公表後70年(その著作物がその創作後70年以内に公表されなかったときは、その創作後70年)を経過するまでの間、存続します。(著作権法54条1項かっこ書)。

ウ ○ 適切です。
著作権の存続期間は、著作物の創作の時に始まります(著作権法51条1項)。

問26 解答・解説 正解：ウ

ア ○ 適切です。
商標権者は、指定商品又は指定役務について登録商標の使用をする権利を専有します(商標法25条)。この権利を専用権といいます。

イ ○ 適切です。
商標権が侵害されたときには、商標権者には、差止請求(商標法36条)、損害賠償請求(民法709条)、不当利得返還請求(同法703条、及び同法704条)、及び信用回復措置請求(商標法39条で準用する特許法106条)が認められます。

ウ × 適切ではありません。
商標法上、商標権の効力が及ばない範囲について規定されています(商標法26条)。

問27

Check! □□□

ア～ウを比較して，特許協力条約（PCT）に基づく国際出願に関して，最も適切と考えられるものはどれか。

ア　国際出願は，国際段階でその出願内容が公開されることはない。

イ　国際出願日が認められると，各指定国における国内移行手続をした日から，各指定国における正規の国内出願の効果を有する。

ウ　国際出願は，優先日から30カ月以内に権利を取得したい国に対して国内移行手続を行う必要がある。

問28

Check! □□□

ア～ウを比較して，意匠登録出願の説明として，最も不適切と考えられるものはどれか。

ア　複数の意匠についての出願を，一の願書により出願することができる。

イ　同時に使用される二以上の物品であって経済産業省令で定めるものを構成する物品に係る意匠は，組物全体として統一があるときは，一意匠として出願することができる。

ウ　店舗，事務所その他の施設の内部の設備及び装飾（内装）を構成する物品，建築物又は画像に係る意匠を，一意匠として出願することができる場合はない。

問27 解答・解説 正解：ウ

ア × 適切ではありません。

国際出願は、国際段階において、国際公開によりその出願内容が公開されます(特許庁「PCT国際出願制度の概要 ～海外で賢く特許権を取得するPCTの仕組み～」p.19)。

イ × 適切ではありません。

国際出願日が認められた国際出願は、国際出願日から各指定国における正規の国内出願の効果を有します(PCT11条(3))。

ウ ○ 適切です。

問題文の通りです(特許庁「PCT国際出願制度の概要 ～海外で賢く特許権を取得するPCTの仕組み～」p.2等)。

問28 解答・解説 正解：ウ

ア ○ 適切です。

問題文の通りです(意匠法7条、同法施行規則2条の2)。従来、複数意匠を一括して出願することはできませんでしたが、令和3年4月より施行された令和元年改正意匠法において、このような出願が可能となりました。

イ ○ 適切です。

問題文の通りです(意匠法8条)。このような意匠を、組物の意匠といいます。

ウ × 適切ではありません。

内装の意匠として、出願することができます(意匠法8条の2)。

問29

Check! □□□

ア～ウを比較して，データベースの著作物の説明として，最も適切と考えられるものはどれか。

ア データベースでその情報の選択又は体系的な構成により，新規性を有するものをいう。

イ データベースでその情報の選択又は体系的な構成により，有用性を有するものをいう。

ウ データベースでその情報の選択又は体系的な構成により，創作性を有するものをいう。

問30

Check! □□□

ア～ウを比較して，特許法に規定する無効審決に対する手続に関して，最も適切と考えられるものはどれか。

ア 経済産業大臣に不服審判請求をすることができる。

イ 東京高等裁判所に訴えを提起することができる。

ウ 東京地方裁判所に訴えを提起することができる。

問29 解答・解説 -正解：ウ

ア × 適切ではありません。

データベースの著作物は、「データベースでその情報の選択又は体系的な構成によって創作性を有するもの」と規定されています（著作権法12条の2第1項）。

イ × 適切ではありません。

アに記載の通りです。

ウ ○ 適切です。

アに記載の通りです。

問30 解答・解説 -正解：イ

ア × 適切ではありません。

審決に対する訴えは、東京高等裁判所の専属管轄とすることが規定されています（特許法178条1項）。つまり、特許無効審決に対する訴えは、東京高等裁判所に提起します。

イ ○ 適切です。

アに記載の通りです。

ウ × 適切ではありません。

アに記載の通りです。

＜過去問編＞

第44回
知的財産管理技能検定®

3級 実技試験
［問題と解答］

（はじめに）
　すべての問題文の条件設定において，特に断りのない限り，他に特殊な事情がないものとします。また，各問題の選択肢における条件設定は独立したものと考え，同一問題内における他の選択肢には影響しないものとします。
　特に日時の指定のない限り，2022年９月1日現在で施行されている法律等に基づいて解答しなさい。

1

中小企業である食品メーカーX社に勤務している技術者甲は，インスタントラーメンAの開発を担当している。甲は，インスタントラーメンAに係る発明についての特許出願に関して，同僚の乙に相談をしている。甲と乙は会話1～3をしている。

会話1　甲「私が，新開発のインスタントラーメンAに係る発明をしたので，特許出願の発明者の欄には私の名前を記載することになりますよね。」

乙「インスタントラーメンAに係る発明は職務発明に該当し，X社を出願人として特許出願しますので，発明者は甲さんではなくX社となります。」

会話2　甲「総務部の人から特許出願をするための明細書を書くように指示されました。特許庁の審査に通るためにはどのように書けばよいですか。」

乙「インスタントラーメンAに係る発明の属する技術分野における最先端の知識を有する者が，その発明を理解することができる程度に明確かつ十分に記載する必要があります。」

会話3　甲「インスタントラーメンAに係る発明は，インスタントラーメンAの製造方法に関するもので，文章で十分に説明することができて理解も容易なのですが，それでも図面や要約書を作成する必要がありますか。」

乙「特許出願の願書には図面を必ず添付しなければならないので作成してください。要約書は願書に添付しなくてもよいので作成しなくて構いません。」

以上を前提として，問1～問6に答えなさい。

問1

Check! □□□

会話1について，適切と考えられる場合は「○」を，不適切と考えられる場合は「×」を，選びなさい。

問2

Check! □□□

【理由群Ⅰ】の中から，問1において適切又は不適切と判断した理由として，最も適切と考えられるものを1つだけ選びなさい。

理由群Ⅰ
ア　職務発明については，出願人が発明者の勤務先の会社となる場合には発明者もその会社となるため
イ　職務発明については，いわゆる予約承継がされている場合には，出願人とは無関係に，発明者の勤務先の会社が発明者となるため
ウ　発明は，人間の創作活動により生み出されるものであり，発明者は自然人に限られるため

問1 問2 解答・解説 問1正解：×　問2正解：ウ

ア ×　適切ではありません。

特許法上に明文の規定はありませんが、発明は、人間の創作活動により生み出されるものであるため、発明者は自然人に限られると解されます。また、職務発明である場合について発明者が勤務先の会社となることを定めた例外規定はありません。

イ ×　適切ではありません。

アに記載の通りです。

ウ ○　適切です。

アに記載の通りです。

問3

Check! □□□

会話2について，適切と考えられる場合は「○」を，不適切と考えられる場合は「×」を，選びなさい。

問4

Check! □□□

【理由群Ⅱ】の中から，問3において適切又は不適切と判断した理由として，最も適切と考えられるものを1つだけ選びなさい。

理由群 Ⅱ

ア　インスタントラーメンAの発明の属する技術分野における最先端の知識を有する者が，その発明を実施できる程度に明確かつ簡潔に記載する必要があるため

イ　インスタントラーメンAに係る発明の属する技術分野における通常の知識を有する者が，その発明の実施をすることができる程度に明確かつ十分に記載する必要があるため

ウ　会話の内容の通りであるため

問5

Check! □□□

会話3について，適切と考えられる場合は「○」を，不適切と考えられる場合は「×」を，選びなさい。

問6

Check! □□□

【理由群Ⅲ】の中から，問5において適切又は不適切と判断した理由として，最も適切と考えられるものを1つだけ選びなさい。

理由群 Ⅲ

ア　図面及び要約書は願書の必須添付書面であるため

イ　図面は願書の必須添付書面ではないが，要約書は願書の必須添付書面であるため

ウ　会話の内容の通りであるため

問3 問4 解答・解説 問3正解：×　問4正解：イ

ア ×　適切ではありません。

特許を受けようとする者は、明細書等を添付した願書を特許庁長官に提出し（特許法36条1項、及び同条2項）、明細書には発明の詳細な説明等を記載します（同条3項3号）。ここで、発明の詳細な説明の記載は、その発明の属する技術の分野における通常の知識を有する者がその実施をすることができる程度に明確かつ十分に記載したものであることが必要です（同条4項1号）。

イ ○　適切です。

アに記載の通りです。

ウ ×　適切ではありません。

アに記載の通りです。

問5 問6 解答・解説 問5正解：×　問6正解：イ

ア ×　適切ではありません。

願書には、明細書、特許請求の範囲、必要な図面及び要約書を添付しなければなりません（特許法36条2項）。つまり、図面は必須添付書面ではなく、要約書は必須添付書面です。

イ ○　適切です。

アに記載の通りです。

ウ ×　適切ではありません。

アに記載の通りです。

2

ある大学生は，コンテンツＡ，コンテンツＢ及びコンテンツＣについて，大学の先輩に質問をしている。大学生は発言１～３をしている。

発言１「コンテンツＡは，漫画を描くことを趣味とする甲と乙が，協力して２人で描いた漫画です。この漫画を読んだある出版社から，コンテンツＡについて出版権の設定を受けたいとの話があったそうです。この場合，出版社は，甲又は乙のいずれか一方から出版権の設定を受ければ足りますよね。」

発言２「コンテンツＢは，１０年間の沖縄の気温と降水量を数字で示したデータです。私は，世界の気候変動に関する自分の論文に，コンテンツＢを掲載したいと思っています。この場合，データを作成した人の許諾を得る必要はないですよね。」

発言３「コンテンツＣは，人気画家の丙が描いた風景画です。丙からこの風景画を購入した丁が，この風景画を自分のスマートフォンで撮影し，自分のブログにアップロードしたいそうです。この場合，風景画は購入しているので，丙の許諾は不要ですよね。」

以上を前提として，問7~問12に答えなさい。

問7

Check! □□□

発言１について，適切と考えられる場合は「○」を，不適切と考えられる場合は「×」を，選びなさい。

問8

Check! □□□

【理由群Ⅳ】の中から，問７において適切又は不適切と判断した理由として，最も適切と考えられるものを１つだけ選びなさい。

理由群 Ⅳ
ア　コンテンツＡは共同著作物にあたるため
イ　コンテンツＡは共同著作物にあたらないため
ウ　コンテンツＡは出版権の対象とならないため

問7 問8 解答・解説 問7正解：×　問8正解：ア

ア ○　適切です。

著作権法上、「共同著作物」とは、2人以上の者が共同して創作した著作物であって、その各人の寄与を分離して個別的に利用することができないものをいいます(著作権法2条1項12号)。コンテンツＡは、甲と乙が協力して2人で描いた漫画であるため、共同著作物にあたると解されます。

イ ×　適切ではありません。

アに記載の通りです。

ウ ×　適切ではありません。

著作物については出版権を設定することができます(著作権法79条1項)。また、漫画が出版権の対象とならないことを定めた例外規定はありません。

問9

Check! □□□

発言2について，適切と考えられる場合は「○」を，不適切と考えられる場合は「×」を，選びなさい。

問10

Check! □□□

【理由群Ⅴ】の中から，問9において適切又は不適切と判断した理由として，最も適切と考えられるものを1つだけ選びなさい。

> 理由群 Ⅴ
> ア　コンテンツBは著作物にあたるため
> イ　コンテンツBは著作物にあたるが，著作権が制限される場合にあたるため
> ウ　コンテンツBは著作物にあたらないため

問11

Check! □□□

発言3について，適切と考えられる場合は「○」を，不適切と考えられる場合は「×」を，選びなさい。

問12

Check! □□□

【理由群Ⅵ】の中から，問11において適切又は不適切と判断した理由として，最も適切と考えられるものを1つだけ選びなさい。

> 理由群 Ⅵ
> ア　コンテンツCの公衆送信権の侵害となるため
> イ　コンテンツCの公衆送信権が消尽しているため
> ウ　コンテンツCの譲渡権が消尽しているため

問9 問10 解答・解説　問9正解：○　問10正解：ウ

ア ×　適切ではありません。

「著作物」とは、思想又は感情を創作的に表現したものであって、文芸、学術、美術又は音楽の範囲に属するものをいいます(著作権法2条1項1号)。本問のような単なるデータは「思想又は感情を創作的に表現した」とはいえないため、著作物にあたりません。

イ ×　適切ではありません。

アに記載の通りです。

ウ ○　適切です。

アに記載の通りです。

問11問12 解答・解説　問11正解：×　問12正解：ア

ア ○　適切です。

著作者は、その著作物について、公衆送信を行う権利(公衆送信権)を専有します(著作権法23条1項)。「公衆送信」とは、公衆によって直接受信されることを目的として無線通信又は有線電気通信の送信を行うことをいい(同法2条1項7の2号)、撮影した画像をブログにアップロードする行為は公衆送信に該当します。また、公衆送信権には消尽の規定はありません。

イ ×　適切ではありません。

アに記載の通りです。

ウ ×　適切ではありません。

アに記載の通り、本問の行為は公衆送信に該当し、譲渡には該当しません。なお、譲渡権には消尽の規定があります(著作権法26条2項)。

問13

Check! □□□

ア～ウを比較して，意匠法上の保護対象として，最も不適切と考えられるものを1つだけ選びなさい。

ア 魚粉

イ パスタ

ウ 折り畳み椅子

問14

Check! □□□

食品機械メーカーX社の知的財産部の部員は，自社の有するコーヒーマシンに関する特許権Pについて，Y社とライセンス契約を結ぶことを検討している。ア～ウを比較して，部員の考えとして，最も適切と考えられるものを1つだけ選びなさい。

ア 通常実施権を許諾するライセンス契約の場合，特許庁に登録しなければ効力を生じない。

イ 独占的通常実施権を許諾するライセンス契約の場合，内容を特定して特許庁に登録しなければ効力を生じない。

ウ 専用実施権を設定するライセンス契約の場合，特許庁に登録しなければ効力を生じない。

問13 解答・解説 正解：ア

ア × 適切ではありません。

「意匠」とは、物品の形状等、建築物の形状等又は画像であって、視覚を通じて美感を起こさせるものをいいます(意匠法2条1項)。ここで、「粉状物及び粒状物の集合しているもの」は、物品と認められないものとして例示されています(意匠審査基準)。したがって、魚粉は、意匠法上の保護対象ではありません。

イ ○ 適切です。

パスタは、物品の形状等であって、視覚を通じて美感を起こさせるものに該当します(意匠法2条1項)。したがって、パスタは意匠法上の保護対象です。

ウ ○ 適切です。

折り畳み椅子は、物品の形状等であって、視覚を通じて美感を起こさせるものに該当します(意匠法2条1項)。なお、意匠に係る物品の形状等がその物品等の有する機能に基づいて変化する場合において、その変化の前後にわたるその物品の形状等について、意匠登録を受けることができます(意匠法6条4項)。これを動的意匠といいます。本問の場合、動的意匠としても保護を受けられる可能性があります。

問14 解答・解説 正解：ウ

ア × 適切ではありません。

専用実施権の設定は、特許庁に登録しなければ効力を生じませんが(特許法98条1項2号)、通常実施権の許諾についてはこのような規定はありません。

イ × 適切ではありません。

アに記載の通りです。また、独占的通常実施権である場合について内容を特定して登録が必要であることを定めた例外規定はありません。

ウ ○ 適切です。

アに記載の通りです。

問15

Check! □□□

家電メーカーX社は，人を感知する機能である人感機能に関する発明について特許権Pを保有している。家電メーカーY社は，X社から「Y社の人感機能付き空気清浄機Aの販売は，特許権Pの侵害である」とした警告書を受け取った。Y社の知的財産部の部員がその警告書の内容について検討している。ア～ウを比較して，部員の発言として，最も<u>不適切</u>と考えられるものを1つだけ選びなさい。

ア「空気清浄機Aは人感機能を有しているので，人感機能はスイッチで使用不可にすることができますが，空気清浄機Aの販売が特許権Pを侵害する可能性はあります。」

イ「空気清浄機Aの販売が特許権Pを侵害しないように，人感機能の搭載中止を検討しましょう。」

ウ「空気清浄機Aは東北地方においてのみ販売されています。一方，X社の空気清浄機は九州地方でのみ販売されています。特許権の効力は，特許権者の販売地域にのみ及ぶことから，空気清浄機Aの販売が特許権Pを侵害する可能性はありません。」

問16

Check! □□□

薬品メーカーX社の知的財産部において，特許協力条約（ＰＣＴ）による国際出願（ＰＣＴルート）と，パリ条約上の優先権の主張を利用した外国出願（パリルート）のメリットとデメリットについて検討している。ア～ウを比較して，知的財産部の部員の発言として，最も適切と考えられるものを1つだけ選びなさい。

ア「ＰＣＴルートを利用する場合，パリルートと比較して，外国特許の取得にかかるトータルの費用は安くなりますが，各国における願書や明細書等の書式が不統一のため手続的負担が大きくなります。」

イ「ＰＣＴルートによるメリットとしては，１カ所の特許庁に出願しただけで，その国際出願について国際出願日が認められ，すべての指定国について正規に国内出願をしたものとして取り扱われるという効果があります。」

ウ「パリルートでは最初の出願日から１２カ月以内に後の外国出願を行わなければなりませんが，ＰＣＴルートでは各指定国に翻訳を提出する等の国内移行手続に３６カ月という時間を指定国で必ず得られるので，出願人はどの国で権利取得手続を進めるかを十分に検討できます。」

問15 解答・解説　正解：ウ

ア ○　適切です。

特許権の侵害とは、権原なき第三者が、業として、特許発明の実施をすること等をいいます(特許法68条等)。人感機能をスイッチで使用不可にすることができたとしても、人感機能を有している以上、空気清浄機Aに係る発明は、特許発明に該当し得ます。また、販売は特許発明の実施に該当します(同法2条3項1号)。したがって、空気清浄機Aの販売は特許権Pを侵害する可能性があります。なお、「権原」とは、ある行為が正当なものとされる法律上の原因のことをいいます。

イ ○　適切です。

特許権Pは人感機能に関する発明に基づく権利のため、この機能の搭載を中止すれば特許権Pの侵害を回避できます。

ウ ×　適切ではありません。

特許権の効力は、特許権者の販売地域にのみ及ぶわけではなく、日本全体に及びます。したがって、空気清浄機Aの販売は特許権Pを侵害する可能性があります。なお、日本の特許権の効力は外国には及ばず、これを各国特許独立の原則といいます。

問16 解答・解説　正解：イ

ア ×　適切ではありません。

PCTルートの場合、各国における願書や明細書等の書式が統一されているため、手続的負担は小さくなります(特許庁「PCT国際出願制度の概要　～海外で賢く特許権を取得するPCTの仕組み～」p.9)。

イ ○　適切です。

問題文の通りです(特許庁「PCT国際出願制度の概要　～海外で賢く特許権を取得するPCTの仕組み～」p.9, p.30)。

ウ ×　適切ではありません。

国内移行手続ができる期間は、原則として、優先日から30カ月です(特許庁「PCT国際出願制度の概要　～海外で賢く特許権を取得するPCTの仕組み～」p.2)。

問17

Check! □□□

甲と乙とは，２００３年5月１日から公民館の外壁に共同で壁画の創作を開始し，２００４年8月１日に壁画の完成と同時に実名で公表した。その後，甲は２０２０年１２月３１日に死亡し，乙は２０２２年1月1日に死亡した。ア～ウを比較して，この壁画の著作権の存続期間が満了する時期として，最も適切と考えられるものを1つだけ選びなさい。

ア ２０７３年１２月３１日

イ ２０９０年１２月３１日

ウ ２０９２年１２月３１日

問18

Check! □□□

X社は，らせん形状であるメジャーについて意匠権Dを有している。ア～ウを比較して，X社の意匠権Dを侵害しない行為として，最も適切と考えられるものを1つだけ選びなさい。但し，らせん型形状を形状Aとし，形状Aと形状Bは類似する形状であり，メジャーとキャンディーは類似しない物品であるとする。

ア Y社が形状Aと同一形状のキャンディーを販売する行為

イ Z社が形状Bと同一形状のメジャーを製造する行為

ウ W社が形状Bと同一形状のメジャーを輸出する行為

問17 解答・解説　正解：ウ

ア × 適切ではありません。
共同著作物の著作権は、原則として、最終に死亡した著作者の死後70年を経過するまでの間、存続します(著作権法51条2項かっこ書)。本問では、最終に死亡した乙の死後70年経過後に存続期間が満了します。

イ × 適切ではありません。
アに記載の通りです。

ウ ○ 適切です。
アに記載の通りです。

問18 解答・解説　正解：ア

ア ○ 適切です。
意匠権の侵害とは、権原なき第三者が、業として登録意匠又はこれに類似する意匠の実施をすること等をいいます(意匠法23条等)。本問の場合、形状が同一であるものの、物品が非類似であるため意匠は非類似です。したがって、本問の行為は意匠権Dを侵害しません。

イ × 適切ではありません。
本問の場合、形状が類似で、物品が同一であるため、意匠は類似します。また、意匠の「実施」とは、意匠に係る物品の製造、使用、譲渡、貸渡し、輸出若しくは輸入又は譲渡若しくは貸渡しの申出をする行為をいいます(意匠法2条2項1号)。したがって、本問の行為は意匠権Dを侵害します。

ウ × 適切ではありません。
本問の場合、形状が類似で、物品が同一であるため、意匠は類似します。また、イに記載の通り輸出は意匠の実施に該当します(意匠法2条2項1号)。したがって、本問の行為は意匠権Dを侵害します。

問19

Check! □□□

時計メーカーX社は，新商品として腕時計を開発し，この新商品の商品名を検討している。商品名として，営業部から名称A，名称Bが提案された。ア～ウを比較して，商標登録出願の依頼を受けたX社の知的財産部の部員の発言として，最も不適切と考えられるものを1つだけ選びなさい。但し，名称Aと名称Bは，類似するものとする。

ア「名称Aと名称Bとは類似するので，商標登録を受けるためには，同日に商標登録出願をしなければなりません。」

イ「名称Bについては，腕時計に類似する商品である懐中時計も一の商標登録出願の指定商品に含めて出願しましょう。」

ウ「名称Aについて商標登録を受けるためには，出願前に名称Aを使用していること又は少なくとも使用意思を有することが必要です。」

問20

Check! □□□

メロンの品種Aの育成者甲は，今月中に品種Aについて種苗法に基づく品種登録出願をしようと考え，友人乙に相談した。ア～ウを比較して，品種登録に関する乙の発言として，最も不適切と考えられるものを1つだけ選びなさい。

ア「品種Aは公然知られた他の品種Bと特性の全部又は一部によって明確に区別することができないので，品種登録を受けることはできません。」

イ「品種Aはこの分野の通常の知識を有する者であれば容易に育成することができるので，品種登録を受けることはできません。」

ウ「甲は半年前から品種Aを日本国内で継続的に販売していますが，品種登録を受けることはできます。」

問19 解答・解説 正解：ア

ア × 適切ではありません。

①商標登録出願の日前の商標登録出願に係る②他人の③登録商標又はこれに類似する商標であって、④その商標登録に係る指定商品等又はこれらに類似する商品等について使用をする商標は、商標登録を受けることができません(商標法4条1項11号)。本問では、②の要件を満たさず、本規定により登録を妨げられることはないため、同日出願とする必要はありません。

イ ○ 適切です。

商標登録出願は、商標の使用をする1又は2以上の商品等を指定してすることができます(商標法6条1項)。

ウ ○ 適切です。

自己の業務に係る商品等について使用をする商標については、所定の商標を除き、商標登録を受けることができます(商標法3条1項柱書)。ここで、「使用をする」とは、指定商品等について、出願人等が、出願商標を現に使用している場合のみならず、将来において出願商標を使用する意思を有している場合を含みます(商標審査基準)。

問20 解答・解説 正解：イ

ア ○ 適切です。

品種登録出願前に日本国内又は外国において公然知られた他の品種と特性の全部又は一部によって明確に区別される品種は、品種登録を受けることができます(種苗法3条1項1号)。これを区別性といいます。品種Aは、品種Bと上記区別をすることができないので、品種登録を受けることができません。

イ × 適切ではありません。

このような規定はありません。なお、特許法においては、特許出願前にその発明の属する技術の分野における通常の知識を有する者が公知等となった発明に基づいて容易に発明をすることができたときは、その発明については、特許を受けることができないことが規定されています(特許法29条2項)。

ウ ○ 適切です。

品種登録は、原則として、出願品種の種苗又は収穫物が、日本国内において品種登録出願の日から1年遡った日前に、業として譲渡されていた場合には、受けることができません(種苗法4条2項本文)。これを未譲渡性といいます。本問の場合、甲は半年前から販売しており、1年遡った日前に販売していないので、品種登録を受けることができます。

問21

Check! □□□

ア～ウを比較して，実用新案法の保護対象である考案として，最も<u>不適切</u>と考えられるものを1つだけ選びなさい。

ア 乾燥機において，乾燥中の衣類が，からまないようにするための乾燥用ドラム内におけるからみ防止用の棒の配置方法

イ 病院で人間の破傷風予防接種のために用いる特殊な形状をした使い捨て注射針

ウ ゲーム用コンピュータに使用する半導体チップを製造するための微細加工が可能な半導体製造装置

問22

Check! □□□

ア～ウを比較して，商標登録出願に関して，最も<u>不適切</u>と考えられるものを1つだけ選びなさい。

ア 商標登録出願に係る商標を「小説集」とし，指定商品を「書籍」として，商標登録出願をした場合には，登録を受けることができない。

イ 商標登録出願に係る商標を「ぶどうジュース」とし，指定商品を「オレンジジュース」として，商標登録出願をした場合には，登録を受けることができない。

ウ 商標登録出願に係る商標を「観光ホテル」とし，指定役務を「宿泊施設の提供」として，商標登録出願をした場合には，登録を受けることができる。

問21 解答・解説 正解：ア

ア × 適切ではありません。

産業上利用することができる考案であって物品の形状、構造又は組合せに係るものをした者は、新規性の要件を満たせば、その考案について実用新案登録を受けることができます(実用新案法3条1項1号柱書)。つまり、方法は実用新案法の保護対象ではありません。なお、特許法においては、方法は保護対象です(特許法2条3項2号)。

イ ○ 適切です。

使い捨て注射は、物品の形状等に該当するため、実用新案法の保護対象です(実用新案法3条1項1号柱書)。

ウ ○ 適切です。

半導体装置は、物品の形状等に該当するため、実用新案法の保護対象です(実用新案法3条1項1号柱書)。

問22 解答・解説 正解：ウ

ア ○ 適切です。

商品の産地、販売地、品質、原材料、効能、用途、形状、生産若しくは使用の方法若しくは時期その他の特徴、数量若しくは価格等を普通に用いられる方法で表示する標章のみからなる商標は、商標登録を受けることができません(商標法3条1項3号)。また、商標審査基準には、商品の品質を表示するものに該当する類型として、指定商品「書籍」について商標「小説集」が挙げられています。

イ ○ 適切です。

商品の品質又は役務の質の誤認を生ずるおそれがある商標は、商標登録を受けることができません(商標法4条1項16号)。商品が「オレンジジュース」であるのに、商標を「ぶどうジュース」とした場合、商品の品質の誤認を生じるおそれがある商標に該当し、商標登録を受けることができません。

ウ × 適切ではありません。

商品又は役務について慣用されている商標は、商標登録を受けることができません(商標法3条1項2号)。これを慣用商標といい、商標審査基準には、慣用商標の類型として、役務「宿泊施設の提供」について、商標「観光ホテル」が挙げられています。

問23

Check! □□□

精密機器メーカーであるX社は，発明Aについて特許協力条約（ＰＣＴ）による国際出願をすることとした。ア～ウを比較して，国際出願に関して，最も<u>不適切</u>と考えられるものを1つだけ選びなさい。

ア　X社はわが国において設立された法人であるが，わが国の特許庁ではなく世界知的所有権機関（ＷＩＰＯ）の国際事務局に国際出願をすることもできる。

イ　わが国の特許庁は，受理官庁として国際出願を受理し，かつ国際調査機関としてその受理した国際出願について国際調査をすることがある。

ウ　わが国の特許庁を受理官庁として国際出願する場合は，日本語で書類を作成しなければならない。

問24

Check! □□□

ア～ウを比較して，著作権者の許諾を得るべき行為として，最も適切と考えられるものを1つだけ選びなさい。

ア　家族に配るため，自分が絵画コンクールで受賞したことが紹介されている新聞記事をコピーする行為

イ　２０００年代にヒットした他人のバンドの曲を，路上ライブで演奏するために，自宅で練習する行為

ウ　甲がスマートフォンで撮影し編集した動画を，乙が自分のスマートフォンの電話帳に登録されている１００人の友人や知り合いへのメールに添付して送る行為

問23 解答・解説　正解：ウ

ア ○　適切です。
問題文の通りです(特許庁「PCT国際出願制度の概要 ～海外で賢く特許権を取得するPCTの仕組み～」p.29)。

イ ○　適切です。
「受理官庁」とは、国際出願がされた国内官庁等をいいます(PCT2条(xv))。また、国際調査は、国際調査機関が行うものとし、国内官庁等を国際調査機関とすることができます(同法16条(1))。ここで、わが国における国内官庁とは、特許庁です。

ウ ×　適切ではありません。
わが国の特許庁を受理官庁として国際出願する場合は、日本語又は英語で書類を作成することができます(特許庁「PCT国際出願制度の概要 ～海外で賢く特許権を取得するPCTの仕組み～」p.10)。

問24 解答・解説　正解：ウ

ア ×　適切ではありません。
著作物は、個人的に又は家庭内その他これに準ずる限られた範囲内において使用すること(私的使用)を目的とするときは、原則として、その使用する者が複製することができます(著作権法30条1項柱書)。したがって、本問の行為は、著作権者の許諾を得るべき行為に該当しません。

イ ×　適切ではありません。
著作者は、その著作物を、公に上演し、又は演奏する権利(上演権及び演奏権)を専有します(著作権法22条)。本問では、公に演奏するのではなく、自宅での演奏であるため、本問の行為は、著作権者の許諾を得るべき行為に該当しません。

ウ ○　適切です。
著作者は、その著作物について、公衆送信を行う権利(公衆送信権)を専有します(著作権法23条1項)。また、本問におけるメール受信者は公衆にあたるため、甲の著作物をメール(公衆送信)する行為は、著作権者である甲の許諾を得るべき行為に該当します。

問25

Check! □□□

菓子メーカーX社は，商標Aを付したおかきを製造販売しているところ，競合他社から同商品の製造販売行為は商標権Mを侵害している旨の警告書を受け取った。ア〜ウを比較して，X社の知的財産部の部員の発言として，最も適切と考えられるものを1つだけ選びなさい。

ア「わが社は，商標権Mの出願公開日よりも前に商品の販売を開始しているので，商標権Mを侵害しない旨の反論が可能です。」

イ「商標Aはおかきについて普通名称として使用されているので，商標権Mを侵害していない旨の反論が可能です。」

ウ「商標権Mの存続期間は来月でちょうど１０年となるので，わが社が来月まで一時的に商品の製造販売を休止すれば，商標権Mの侵害を回避できます。」

問26

Check! □□□

バッグメーカーX社は，新商品である折り畳み可能なエコバッグAを販売しようとしている。ア〜ウを比較して，X社の意匠登録出願に関して，最も不適切と考えられるものを1つだけ選びなさい。

ア エコバッグAについて，意匠登録出願をした場合に，発売時期を考慮して，登録料の納付と同時に，秘密請求をすることができる。

イ エコバッグAは，開いた形状も折り畳んだ形状もそれぞれに特徴があるが，開いた形状を表す図面と折り畳んだ形状を表す図面の両方を用いて，一の意匠登録出願をすることができる。

ウ エコバッグAは，持ち手の部分に特徴があるが，持ち手の部分について意匠登録出願をすることはできない。

問25 解答・解説　正解：イ

ア × 適切ではありません。
商標権の侵害とは、権原なき第三者が、指定商品等について登録商標の使用をすること等をいいます（商標法25条等）。ここで、①他人の商標登録出願前から②日本国内において③不正競争の目的でなく④その商標登録出願に係る指定商品等又はこれらに類似する商品等についてその商標又はこれに類似する商標の使用をしていた結果、その商標登録出願の際現にその商標が自己の業務に係る商品等を表示するものとして需要者の間に広く認識されているときは、その者は、⑤継続してその商品等についてその商標の使用をする場合は、その商品等についてその商標の使用をする権利を有します（同法32条1項）。本問では、上記③④の要件を満たさない可能性があり、この場合、X社は権原を有さないため、X社の行為は商標権Mを侵害します。

イ ○ 適切です。
指定商品の普通名称を普通に用いられる方法で表示する商標には商標権の効力が及びません（商標法26条1項2号）。したがって、本問の場合、X社の行為は商標権Mを侵害しません。

ウ × 適切ではありません。
商標権の存続期間は、設定の登録の日から10年をもって終了しますが（商標法19条1項）、商標権の存続期間は、商標権者の更新登録の申請により更新することができます（同条2項）。したがって、商標権Mの存続期間が更新される場合、X社が一時的に商品の製造販売を休止したとしても、商標権Mの侵害を回避することはできません。

問26 解答・解説　正解：ウ

ア ○ 適切です。
意匠法上、秘密意匠制度が規定されており（意匠法14条）、この規定による請求をしようとする者は、所定の事項を記載した書面を意匠登録出願と同時に、又は第1年分の登録料の納付と同時に特許庁長官に提出します（同条2項柱書）。

イ ○ 適切です。
意匠に係る物品の形状等の有する機能に基づいて変化する場合において、その変化の前後にわたるその物品の形状等について、一の意匠登録出願をすることできます（意匠法6条4項）。これを動的意匠といいます。

ウ × 適切ではありません。
「意匠」とは、物品（物品の部分を含む）形状等であって、視覚を通じて美感を起こさせるものをいいます（意匠法2条1項かっこ書）。したがって、持ち手の部分について意匠登録出願をすることができます。

問27

Check! □□□

甲は，２０２２年2月１０日に行った特許出願について，２０２２年7月１５日に出願公開請求を行い，２０２３年2月２０日に出願公開がされた。この場合，この特許出願について出願審査請求をすることができる最終日が属するのは西暦何年何月か，算用数字で記入しなさい。

問27 解答・解説　正解：西暦２０２５年２月

特許出願があったときは、何人も、その日から3年以内に、特許庁長官にその特許出願について出願審査の請求をすることができます(特許法48条の3第1項)。ここで、「その日」とは、特許出願の日であるため、本問の場合、出願審査請求をすることができる最終日は、2025年2月10日です。

5

次の会話は，X社の知的財産部の部員甲が商標権の侵害として警告を受けた場合の措置に関して，部員乙に説明しているものである。問２８～問３０に答えなさい。

乙「商標権の侵害の警告を受けた場合には，どうしたらよいですか。」

甲「差止請求等を免れることができるかどうかを検討する必要があります。」

乙「具体的には，どういうことですか。」

甲「例えば，商標登録が，識別力を有しないにもかかわらずなされた場合には，商標登録の［ 1 ］審判を請求する措置をとることができます。」

乙「誰が［ 1 ］審判を請求できますか。」

甲「［ 2 ］請求することができます。」

乙「いつでも［ 1 ］審判を請求できますか。」

甲「商標権の設定登録日から［ 3 ］を経過すると請求できなくなる場合もあるので注意する必要があります。」

問28

Check! □□□

【語群Ⅶ】の中から，空欄［ 1 ］に入る語句として，最も適切と考えられるものを1つだけ選びなさい。

問29

Check! □□□

【語群Ⅶ】の中から，空欄［ 2 ］に入る語句として，最も適切と考えられるものを1つだけ選びなさい。

問30

Check! □□□

【語群Ⅶ】の中から，空欄［ 3 ］に入る語句として，最も適切と考えられるものを1つだけ選びなさい。

語群 Ⅶ

ア 出願人に限り	イ 1年	ウ 何人でも	エ 5年	オ 取消
カ 利害関係人に限り	キ 10年	ク 無効		

問28 解答・解説 正解：ク

商標登録が商標法3条等の規定に違反してされたときは、その商標登録を無効にすることについて審判を請求することができます(同法46条1項1号)。ここで、同法3条1項3号は識別力を有しない商標について規定しています。

問29 解答・解説 正解：カ

商標登録無効審判は、利害関係人に限り請求することができます(商標法46条2項)。なお、登録異議の申立ては、何人もすることができます(同法43条の2第1項柱書)。

問30 解答・解説 正解：エ

商標登録無効審判は、商標登録が3条等の規定に違反してされたときは、商標権の設定の登録の日から5年を経過した後は、請求することができません(商標法47条)。これを除斥期間といいます。

<過去問編>

第43回
知的財産管理技能検定®

3級 実技試験
［問題と解答］

（はじめに）

すべての問題文の条件設定において，特に断りのない限り，他に特殊な事情がないものとします。また，各問題の選択肢における条件設定は独立したものと考え，同一問題内における他の選択肢には影響しないものとします。

特に日時の指定のない限り，2022年5月1日現在で施行されている法律等に基づいて解答しなさい。

1

飲料メーカーX社は，技術者甲が発明した発明Aについて，２０２２年９月９日午前９時に特許出願Pをした。その後，X社の知的財産部の部員乙は，調査及びヒアリングの結果，次の事実1～3を確認した。

事実1　２０２２年９月２日に米国のハワイ州で発行され，わが国では一般に流通していない地元情報雑誌において，英語で，ハワイ州の飲料メーカーY社の丙によりなされた発明として，発明Aと同一の発明が記載されていた。

事実2　２０２１年６月６日に開かれた国内のビールの試飲会において，一般入場者の前で，甲が資料を配付して，発明Aについて説明していた。

事実3　２０２２年９月９日午後３時のテレビ放送において，飲料メーカーW社の丁によりなされた発明として，発明Aと同一の発明が国内で紹介されていた。

以上を前提として，問1～問6に答えなさい。

問1

Check! □□□

事実1に基づいて，特許出願Pに拒絶理由がないと考えられる場合は「○」を，拒絶理由があると考えられる場合は「×」を，選びなさい。

問2

Check! □□□

【理由群Ⅰ】の中から，問1において拒絶理由がない又は拒絶理由があると判断した理由として，最も適切と考えられるものを1つだけ選びなさい。

理由群 Ⅰ

ア　特許出願Pに係る発明Aは，新規性を有していないため
イ　特許出願Pに係る発明Aは，拡大された先願の地位を有しないため
ウ　特許出願Pに係る発明Aは，新規性を有しているため
エ　特許出願Pに係る発明Aは，拡大された先願の地位を有するため

問1 問2 解答・解説 問1正解：×　問2正解：ア

ア ○　適切です。

特許出願前に日本国内又は外国において、頒布された刊行物に記載された発明又は電気通信回線を通じて公衆に利用可能となった発明は、特許を受けることができません(特許法29条1項3号)。本問では、特許出願Pの前に、ハワイで発行された地元情報雑誌に発明Aと同一の発明が記載されていることから、同号の要件をすべて満たします。ここで、刊行物がわが国では一般に流通していない場合、及び発明が英語で記載されている場合に、同号に該当しないことを定めた例外規定はありません。したがって、発明Aは、新規性を有していません。

イ ×　適切ではありません。

アに記載の通りです。

ウ ×　適切ではありません。

アに記載の通りです。

エ ×　適切ではありません。

アに記載の通りです。

問3

Check! □□□

事実2に基づいて，特許出願Pに拒絶理由がないと考えられる場合は「○」を，拒絶理由があると考えられる場合は「×」を，選びなさい。

問4

Check! □□□

【理由群Ⅱ】の中から，問3において拒絶理由がない又は拒絶理由があると判断した理由として，最も適切と考えられるものを1つだけ選びなさい。

理由群 Ⅱ

ア　特許出願Pに係る発明Aは，新規性を有していないため
イ　特許出願Pに係る発明Aは，先願の地位を有しないため
ウ　特許出願Pに係る発明Aは，新規性を有しているため
エ　特許出願Pに係る発明Aは，先願の地位を有するため

問5

Check! □□□

事実3に基づいて，特許出願Pに拒絶理由がないと考えられる場合は「○」を，拒絶理由があると考えられる場合は「×」を，選びなさい。

問6

Check! □□□

【理由群Ⅲ】の中から，問5において拒絶理由がない又は拒絶理由があると判断した理由として，最も適切と考えられるものを1つだけ選びなさい。

理由群 Ⅲ

ア　特許出願Pに係る発明Aは，新規性を有していないため
イ　特許出願Pに係る発明Aは，拡大された先願の地位を有しないため
ウ　特許出願Pに係る発明Aは，新規性を有しているため
エ　特許出願Pに係る発明Aは，拡大された先願の地位を有するため

問3 問4 解答・解説 問3正解：× 問4正解：ア

ア ○ 適切です。
特許出願前に日本国内又は外国において公然知られた発明は、特許を受けることができません(特許法29条1項1号)。本問では、特許出願Pの前に、国内で、発明Aについて説明していることから、同号の要件をすべて満たします。したがって、発明Aは、新規性を有していません。

イ × 適切ではありません。
アに記載の通りです。

ウ × 適切ではありません。
アに記載の通りです。

エ × 適切ではありません。
アに記載の通りです。

問5 問6 解答・解説 問5正解：○ 問6正解：ウ

ア × 適切ではありません。
特許出願前に日本国内又は外国において公然知られた発明は、特許を受けることができません(特許法29条1項1号)。ここで、「特許出願前」については、時分までを考慮します。本問では、テレビ放送された時刻が特許出願Pの時刻よりも後です。したがって、発明Aは、新規性を有しています。

イ × 適切ではありません。
アに記載の通りです。

ウ ○ 適切です。
アに記載の通りです。

エ × 適切ではありません。
アに記載の通りです。

2

ゲームソフト会社であるX社は，来年の春にゲームソフトAの発売を予定している。X社の開発部の技術者甲は，ゲームソフトAの作成に従事している。X社の法務部の部員乙は，ゲームソフトAについて発言1～3をしている。なお，著作権の譲渡は行われていないものとする。

発言1「先日，新聞を読んでいたところ，ゲームソフトAを含めた幾つかのゲームソフトを紹介した記事を見つけました。この記事は，新聞社Y社が作成した記事ですが，わが社の製品に関する記事なので，社内で周知するために，Y社の記事であることを明示すれば，Y社の許諾を得ることなく，その記事をスキャンしたファイルをわが社の社内ネットワーク上の掲示板に掲載することができます。」

発言2「甲は，プログラミングをフリーランスの副業としており，昼休み時間に職場で副業のプログラムを作成しました。このプログラムは，甲が職場で作成したものなので，わが社は，甲の許諾を得ることなく，ゲームソフトAに組み込んで使用することができます。」

発言3「甲は，開発部のリーダーとして中心的な役割を果たし，ゲームソフトAを作成しました。一方で，ゲームソフトAの作成時における契約や勤務規則においては，著作者の取扱に関する定めはありません。わが社は，このゲームソフトAを，甲の許諾を得ることなくバージョンアップすることができます。」

以上を前提として，問7~問12に答えなさい。

問7

Check! □□□

発言1について，適切と考えられる場合は「○」を，不適切と考えられる場合は「×」を，選びなさい。

問8

Check! □□□

【理由群Ⅳ】の中から，問7において適切又は不適切と判断した理由として，最も適切と考えられるものを1つだけ選びなさい。

理由群 Ⅳ

ア　私的使用の複製にあたるため
イ　引用にあたるため
ウ　Y社の複製権を侵害するため
エ　Y社の展示権を侵害するため

問7 問8 解答・解説 問7正解：×　問8正解：ウ

ア ×　適切ではありません。

著作者は、その著作物を複製する権利(複製権)を専有します（著作権法21条)。ここで、著作物は、個人的に又は家庭内その他これに準ずる限られた範囲内において使用すること（私的使用）を目的とするときは、所定の場合を除き、その使用する者が複製することができます（著作権法30条1項)。本問では、社内で周知するために複製しており、これは、私的使用には該当しません。したがって、X社の行為はY社の複製権を侵害します。

イ ×　適切ではありません。

「引用」とは、自分の論のよりどころ等を補足等するために、他人の文章等を引くことをいい、本問の行為は引用には該当しません。

ウ ○　適切です。

アに記載の通りです。

エ ×　適切ではありません。

著作者は、その美術の著作物又はまだ発行されていない写真の著作物をこれらの原作品により公に展示する権利(展示権)を専有します（著作権法25条)。本問における新聞記事は、展示権の対象となる著作物ではありません。

問9

Check! □□□

発言2について，適切と考えられる場合は「○」を，不適切と考えられる場合は「×」を，選びなさい。

問10

Check! □□□

【理由群Ⅴ】の中から，問9において適切又は不適切と判断した理由として，最も適切と考えられるものを1つだけ選びなさい。

理由群 Ⅴ

ア　甲が著作者であるため

イ　甲とX社が著作者であるため

ウ　甲とX社は著作者ではないため

エ　X社が著作者であるため

問11

Check! □□□

発言3について，適切と考えられる場合は「○」を，不適切と考えられる場合は「×」を，選びなさい。

問12

Check! □□□

【理由群Ⅵ】の中から，問11において適切又は不適切と判断した理由として，最も適切と考えられるものを1つだけ選びなさい。

理由群 Ⅵ

ア　甲が著作者であるため

イ　甲とX社が著作者であるため

ウ　甲とX社は著作者ではないため

エ　X社が著作者であるため

問9 問10 解答・解説　問9正解：×　問10正解：ア

ア ○　適切です。

著作者は、著作権を享有します(著作権法17条1項)。ここで、①法人等の発意に基づき②その法人等の業務に従事する者が③職務上作成するプログラムの著作物の著作者は、④その作成の時における契約、勤務規則その他に別段の定めがない限り、その法人等とすることが規定されています(同法15条2項)。本問では少なくとも①及び③の要件を満たさず、また、職場で作成したプログラムが職務上作成する著作物に該当することを定めた例外規定はありません。したがって、本問のゲームソフトAについては、甲が著作者です。

イ ×　適切ではありません。

アに記載の通りです。

ウ ×　適切ではありません。

アに記載の通りです。

エ ×　適切ではありません。

アに記載の通りです。

問11問12 解答・解説　問11正解：○　問12正解：エ

ア ×　適切ではありません。

著作者は、著作権を享有します(著作権法17条1項)。ここで、①法人等の発意に基づき②その法人等の業務に従事する者が③職務上作成するプログラムの著作物の著作者は、④その作成の時における契約、勤務規則その他に別段の定めがない限り、その法人等とすることが規定されています(同法15条2項)。本問では、甲は、開発部のリーダーとして中心的な役割を果たしていることから、①～③の要件を満たし、契約や勤務規則においては著作者の取扱に関する定めがないことから、④の要件も満たします。したがって、本問のゲームソフトAについては、X社が著作者です。

イ ×　適切ではありません。

アに記載の通りです。

ウ ×　適切ではありません。

アに記載の通りです。

エ ○　適切です。

アに記載の通りです。

問13

Check! □□□

ア〜ウを比較して，X社の意匠登録出願に関する手続について，最も適切と考えられるものを1つだけ選びなさい。

ア 意匠登録出願については，意匠権設定の登録前に，出願公開される。

イ 意匠登録出願においては，図面についての補正は要旨変更とされるので認められる場合はない。

ウ 意匠登録出願に係る意匠は，物品の形状等に係る創作であり，特許出願への出願変更が認められている。

問14

Check! □□□

文房具メーカーX社において，特許協力条約（ＰＣＴ）に基づく国際出願をすることを検討している。ア〜ウを比較して，X社の知的財産部の部員の発言として，最も適切と考えられるものを1つだけ選びなさい。

ア「国際出願した後，優先日から１８カ月経過する前であっても，国際公開が行われることがあります。」

イ「国際出願した後，所定の期間内に，国際調査機関に対して国際調査を行うことを請求する必要があります。」

ウ「国際出願した後，出願人が国内移行手続を行わなくても，各指定国で審査が開始されます。」

3

問13 解答・解説　正解：ウ

ア ×　適切ではありません。
意匠法上、出願公開については規定されていません。

イ ×　適切ではありません。
意匠法上、図面についての補正が要旨変更である場合については規定されていますが（意匠法9条の2、及び同法17条の2第1項）、図面についての補正が認められる場合はないとまでは規定されていません。

ウ ○　適切です。
意匠登録出願人は、その意匠登録出願を特許出願に変更することができます（特許法46条1項）。

問14 解答・解説　正解：ア

ア ○　適切です。
国際出願の国際公開は、原則として、国際出願の優先日から18カ月を経過した後速やかに行います（PCT21条(2)(a)）。但し、出願人は、この期間の満了前のいずれの時においても国際出願の国際公開を行うことを国際事務局に請求することができます（同条(2)(b)）。この場合、優先日から18か月経過前であっても、国際公開が行われます。

イ ×　適切ではありません。
このような規定はありません。すべてのPCTに基づく国際出願は、国際調査の対象となります（特許庁「PCT国際出願制度の概要 ～海外で賢く特許権を取得するPCTの仕組み～」p.14）。

ウ ×　適切ではありません。
PCT上、国内移行手続ができる期間の満了前に、国際出願の処理又は審査を行ってはならないことが記載されています（PCT23条(1)）。

問15

Check! □□□

人工知能ソフトウエア開発会社であるX社では，自社のウェブサイトを，自社で作成するか又はウェブサイト制作会社のY社に作成を依頼するかについて検討している。ア～ウを比較して，X社の従業員の発言として，最も不適切と考えられるものを1つだけ選びなさい。

ア「ウェブサイトの作成の技術を有するわが社の従業員が職務としてウェブサイトを作成すれば，そのウェブサイトの著作者はわが社になるから，わが社の従業員はウェブサイトを自由に更新することができます。」

イ「Y社に著作者人格権と著作権の譲渡を約束させた上で，ウェブサイトの作成の業務を委託すれば，わが社の従業員はウェブサイトを自由に更新することができます。」

ウ「Y社と著作権の取扱について契約せずにウェブサイトの作成を依頼すると，ウェブサイトの著作者はY社になるから，わが社の従業員はウェブサイトを自由に変更することができません。」

問16

Check! □□□

ア～ウを比較して，意匠登録の対象に関して，最も不適切と考えられるものを1つだけ選びなさい。

ア 著名な建築家による高層ビルのデザインは，意匠登録の対象となる。

イ 毛抜きのデザインは，美術品のような高尚な美ではなく，使いやすさといった作用効果を目的としているにすぎず，意匠登録の対象とならない。

ウ ロボットは，冷蔵庫の生産ライン用のロボットのみならず，自在の動きをする玩具用のロボットについても，工業上利用できる物品として，意匠登録の対象となる。

問15 解答・解説　正解：イ

ア ○　適切です。

①法人等の発意に基づき②その法人等の業務に従事する者が③職務上作成するプログラムの著作物の著作者は、④その作成の時における契約、勤務規則その他に別段の定めがない限り、その法人等とすることが規定されています(著作権法15条2項)。本問の場合、X社の従業員による著作は、少なくとも①〜③を満たすため、④を満たせば職務著作に該当します。また、著作者は著作権を享有します(同法17条1項)。

イ ×　適切ではありません。

著作者人格権は、著作者の一身に専属し、譲渡することができません(著作権法59条)。なお、著作権は、その全部又は一部を譲渡することができます(同法61条1項)。

ウ ○　適切です。

「著作者」とは、著作物を創作する者をいいます(著作権法2条1項2号)。したがって、本問では、著作者はY社です。

問16 解答・解説　正解：イ

ア ○　適切です。

「意匠」とは、物品の形状等、建築物の形状等又は画像であって、視覚を通じて美感を起こさせるものをいいます(意匠法2条1項)。したがって、高層ビルのデザインは、意匠登録の対象となります。

イ ×　適切ではありません。

意匠法2条1項に規定する美感は、美術品のように高尚な美を要求するものではなく、何らかの美感を起こすものであれば足ります(意匠審査基準)。したがって、本問の意匠は、意匠登録の対象となります。

ウ ○　適切です。

ロボットは、物品の形状等であって視覚を通じて美感を起こさせるものに該当します(意匠法2条1項)。なお、本問の場合、動的意匠としても保護を受けられる可能性があります。

問17

Check! □□□

ア～ウを比較して，特許法上の保護対象として，最も適切と考えられるものを1つだけ選びなさい。

ア 重い荷物を積載しても転ばない自転車の人間による運転方法

イ 計算処理を効率的に行うための特殊なコンピュータ言語

ウ 自然界に存在する岩石から人為的に抽出した化学物質

問18

Check! □□□

X社は，品種Aについて品種登録を受けた。ア～ウを比較して，X社の担当者の育成者権に関する発言として，最も不適切と考えられるものを1つだけ選びなさい。

ア「X社は，品種Aの育成者権を他者に譲渡することができます。」

イ「品種Aの育成者権の存続期間は，品種Aの品種登録出願の日から２５年間です。」

ウ「X社は，無断で品種Aの種苗を生産する者に対して，差止めを請求できる場合があります。」

問17 解答・解説 正解：ウ

ア × 適切ではありません。

特許法上、発明が保護対象ですが、発明に該当しないものの類型として、技術的思想でないものが挙げられています(特許・実用新案審査基準)。さらに、技術的思想でないものの例として、技能(個人の熟練によって到達し得るものであって、知識として第三者に伝達できる客観性が欠如しているもの)が挙げられています(同審査基準)。本問の方法は、技能に該当するため、特許法上の保護対象ではありません。

イ × 適切ではありません。

特許法上、発明が保護対象ですが、発明に該当しないものの類型として、自然法則を利用していないものが挙げられています(特許・実用新案審査基準)。さらに、自然法則を利用していないものの例として、コンピュータプログラム言語が挙げられています(同審査基準)。したがって、本問のコンピュータ言語は、特許法上の保護対象ではありません。

ウ ○ 適切です。

特許法上、発明が保護対象ですが、発明に該当しないものの類型として、自然法則自体が挙げられています(特許・実用新案審査基準)。さらに、自然法則自体の例として、単なる発見であって創作でないものが挙げられています(同審査基準)。ここで、発明者が目的を意識して創作していない天然物等は、発明に該当しませんが、天然物から人為的に単離した化学物質等は、創作されたものであり、発明に該当します(同審査基準)。したがって、本問の化学物質は、特許上の保護対象です。

問18 解答・解説 正解：イ

ア ○ 適切です。

育成者権は譲渡することができます(種苗法32条1項1号)。

イ × 適切ではありません。

育成者権の存続期間は、原則として、品種登録の日から25年です(種苗法19条2項)。

ウ ○ 適切です。

育成者権の侵害とは、権原なき第三者が、業として、登録品種及び登録品種と特性により明確に区別されない品種を利用することをいいます(種苗法20条1項)。また、「利用」とは、登録品種の種苗を生産する行為等をいいます(同法2条5項1号)。本問における無断での登録品種Aの種苗の生産は、X社の育成者権の侵害を構成します。ここで、育成者権者等は、自己の育成者権等を侵害する者又は侵害するおそれがある者に対し、その侵害の停止又は予防(差止め)を請求することができます(同法33条1項)。

問19

Check! □□□

ア～ウを比較して，著作権に関する発言として，最も適切と考えられるものを1つだけ選びなさい。

ア「譲渡権は，映画の著作物にのみ認められる権利です。」

イ「上映権は，映画の著作物にのみ認められる権利です。」

ウ「頒布権は，映画の著作物にのみ認められる権利です。」

問20

Check! □□□

玩具メーカーX社の知的財産部の部員甲が，新商品であるブロック玩具Aに係る商標についての商標登録出願を検討している。ア～ウを比較して，甲の考えとして，最も適切と考えられるものを1つだけ選びなさい。

ア　ブロック玩具Aの発売時期が1年後であっても，販売することが確実な場合には商標登録出願をすべきである。

イ　ブロック玩具Aの色は黄緑であるが，ブロック玩具Aの色のみから構成される商標は，商標登録の対象とならない。

ウ　ブロック玩具Aは究極の意味を込めて，商品名は，ひらがな「ん」となった。この商品名「ん」について，商標登録出願をすべきである。

問19 解答・解説 正解：ウ

ア × 適切ではありません。

譲渡権については、「著作者は、その著作物(映画の著作物を除く)をその原作品又は複製物(映画の著作物において複製されている著作物にあっては、当該映画の著作物の複製物を除く)の譲渡により公衆に提供する権利を専有する。」と規定されています(著作権法26条の2第1項)。つまり、譲渡権の対象となる著作物から、映画の著作物は除かれています。

イ × 適切ではありません。

上映権については、「著作者は、その著作物を公に上映する権利を専有する。」と規定されています(著作権法22条の2)。また、上映については、「著作物を映写幕その他の物に映写することをいい、これに伴って映画の著作物において固定されている音を再生することを含むものとする。」と規定されていますが、この規定は上映権の対象となる著作物を映画の著作物に限定することを定めたものではありません。

ウ ○ 適切です。

頒布権については、「著作者は、その映画の著作物をその複製物により頒布する権利を専有する。」と規定されています(著作権法26条)。

問20 解答・解説 正解：ア

ア ○ 適切です。

ブロック玩具Aに係る商標について商標法による保護を受けることで、この商標を他人に使用されることを防ぐことができるので、X社は、商標登録出願をすべきです。自己の業務に係る商品等について使用をする商標については、所定の商標を除き、商標登録を受けることができます(商標法3条1項柱書)。ここで、「使用をする」とは、指定商品等について、出願人等が、出願商標を現に使用している場合のみならず、将来において出願商標を使用する意思を有している場合を含みます(商標審査基準)。したがって、現在販売していなくても販売することが確実であれば、商標登録を受けるために、商標登録出願をすべきです。

イ × 適切ではありません。

色彩のみからなる商標は、商標登録の対象となります(商標法5条2項3号)。

ウ × 適切ではありません。

極めて簡単で、かつ、ありふれた標章のみからなる商標は、商標登録を受けることができません(商標法3条1項5号)。商標審査基準には、同号に該当する標章として、仮名1字のものを例示しています。したがって、本問の場合、X社は、商標登録出願をすべきではありません。

問21

Check! □□□

文房具メーカーX社では，万年筆のデザインaについて意匠権A，及びその万年筆の商品名bについて指定商品を万年筆とする商標権Bを有している。ア～ウを比較して，最も不適切と考えられるものを1つだけ選びなさい。但し，万年筆と筆ペンは類似する物品又は商品とする。

ア X社が，デザインaに類似するデザインcの万年筆Cを製造販売する行為は，意匠権Aに係る登録意匠に類似する意匠の実施に該当する。

イ X社が，万年筆とセットで使用する筆ペンEに商品名bを付して製造販売する行為は，商標権Bに係る登録商標の使用に該当する。

ウ X社と競合するY社が，デザインaに類似するデザインdの筆ペンDを製造販売する行為は，意匠権Aの侵害となる。

問22

Check! □□□

化粧品メーカーX社が，２０２１年１１月１日に日本で特許出願Pをした発明について，外国での特許出願Qを検討している。ア～ウを比較して，２０２２年１０月２５日にしたX社の知的財産部の部員の発言として，最も不適切と考えられるものを1つだけ選びなさい。

ア「特許出願Pは，出願審査請求をして既に拒絶理由通知を受けています。従って，日本の特許庁で審査が開始された特許出願Pに基づいて，パリ条約上の優先権を主張して外国に特許出願Qをすることはできません。」

イ「パリ条約の優先期間の終了直前ですので，各国毎の出願書類が必要となるパリルートではなく，日本語で出願できる特許協力条約（ＰＣＴ）による国際出願が適切であると考えます。特許協力条約（ＰＣＴ）であれば各指定国への翻訳文等の書面の提出は，国際調査報告を受領し検討した後であってもできます。」

ウ「特許出願Pは，早期公開を請求して既に日本で出願公開されています。特許出願Pに基づいてパリ条約上の優先権を主張して外国に特許出願Qをした場合，当該出願公開を理由に新規性を有しない発明として拒絶されることはありません。」

問21 解答・解説　正解：イ

ア ○　適切です。
本問の場合、形状等が類似し、物品も類似するため、意匠は類似します。また、製造販売は意匠の実施に該当します(意匠法2条2項1号)。したがって、X社の行為は、意匠権Aに係る登録意匠に類似する意匠の実施に該当します。

イ ×　適切ではありません。
本問の場合、X社の行為の対象は、商標権Bに係る指定商品である万年筆ではなく、これに類似する筆ペンです。また、商品名を付して製造販売する行為は使用に該当します(商標法2条3項1号、及び同項2号)。したがって、X社の行為は、商標権Bに係る登録商標に類似する商標の使用に該当しますが、登録商標の使用には該当しません。

ウ ○　適切です。
意匠権の侵害とは、権原なき第三者が、業として、登録意匠又はこれに類似する意匠の実施をすること等をいいます(意匠法23条等)。本問の場合、形状等が類似し、物品が同一であるため、意匠は類似します。また、製造販売は意匠の実施に該当します(意匠法2条2項1号)。したがって、X社の行為は意匠権Aの侵害となります。

問22 解答・解説　正解：ア

ア ×　適切ではありません。
いずれかの同盟国において正規に特許出願等をした者等は、他の同盟国に優先権を主張して出願することができます(パリ条約4条A(1))。ここで「正規」の出願には拒絶理由通知等を受けた出願も含まれます。したがって、本問の場合、パリ条約上の優先権を主張して外国に出願をすることができます。

イ ○　適切です。
問題文の通りです。PCTによる国際出願は日本語で出願することができます(特許庁「PCT国際出願制度の概要 ～海外で賢く特許権を取得するPCTの仕組み～」p.10)。また、PCTであれば、翻訳文等の書面の提出が優先日から30カ月以内であれば可能であるのに対し、国際調査報告は、通常、優先日から12カ月～18カ月の間になされます(同p.2)。したがって、各指定国への翻訳文等の書面の提出は、国際調査報告を受領し検討した後であってもできます。

ウ ○　適切です。
パリ条約による優先権の優先期間の満了前に他の同盟国においてされた後の出願は、その間に行われた行為、例えば、他の出願等によって不利な取扱いを受けないものとされます(パリ条約4条B)。つまり、特許出願Pの出願公開により、特許出願Qに係る発明が拒絶されることはありません。

問23

Check! □□□

家電メーカーX社は，指定商品である電気洗濯機について登録商標Aに係る商標権Mを有している。ア〜ウを比較して，商標権Mに関して，最も適切と考えられるものを1つだけ選びなさい。

ア 商標権Mの存続期間は，商標登録出願日から１０年をもって終了する。

イ ライバルメーカーY社は，登録商標Aに類似する商標を電気洗濯機について使用することはできない。

ウ 登録商標Aを，登録日から3年以上，電気洗濯機について使用していない場合には，商標権Mは消滅したものとみなされる。

問24

Check! □□□

ア〜ウを比較して，著作権法上，著作物として保護されるものとして，最も<u>不適切</u>と考えられるものを1つだけ選びなさい。

ア スイスに居住する日本国民が描き，スイスで公表された絵画

イ「富士山の高さは３７７６メートルです」という文章

ウ アイススケートショーの振付

問23 解答・解説 正解：イ

ア × 適切ではありません。

商標権の存続期間は、設定の登録の日から10年をもって終了します(商標法19条1項)。

イ ○ 適切です。

指定商品等についての登録商標に類似する商標の使用又は指定商品等に類似する商品等についての登録商標若しくはこれに類似する商標の使用は、商標権を侵害するものとみなされます(商標法37条1号)。これを禁止権といいます。したがって、Y社は、登録商標Aに類似する商標を電気洗濯機について使用することはできません。

ウ × 適切ではありません。

アに記載の通り、商標権の存続期間は設定の登録の日から10年であり(商標法19条1項)、また、登録商標を指定商品に使用していない場合に、商標権が消滅したものとみなされることを定めた規定はありません。なお、継続して3年以上日本国内において商標権者等が各指定商品等についての登録商標の使用をしていないときは、何人も、その指定商品等に係る商標登録を取り消すことについて審判を請求することができます(同法50条1項)。この審判を不使用取消審判といいます。

問24 解答・解説 正解：イ

ア ○ 適切です。

日本国民の著作物は、著作権法上、著作物として保護されます(著作権法6条1号)。

イ × 適切ではありません。

「著作物」とは、思想又は感情を創作的に表現したものであって、文芸、学術、美術又は音楽の範囲に属するものをいいます(著作権法2条1項1号)。本問の文章は、創作的に表現したとはいえないため、著作権法上、著作物として保護されません。

ウ ○ 適切です。

舞踊又は無言劇の著作物は、著作権法上の著作物として例示されています(著作権法10条1項3号)。本問の振付は、舞踏の著作物に該当すると解されるため、著作権法上、著作物として保護されます。

問25

Check! □□□

アパレルメーカーX社は，スマートフォンケースAと名刺入れBとを製造販売している。X社の知的財産部の部員甲は，Y社が定期入れに係る登録意匠Cについて意匠権を有しているとの情報を営業部から入手し，確認したところ，当該情報は事実であった。ア～ウを比較して，甲の考えとして，最も適切と考えられるものを1つだけ選びなさい。なお，名刺入れと定期入れとは類似する物品であり，スマートフォンケースと定期入れとは非類似の物品であるものとする。

ア 登録意匠Cと類似する形態を転用した名刺入れBを製造販売するために，Y社から登録意匠Cに係る意匠権について，通常実施権の許諾を受けることができる。

イ 登録意匠Cと同一の形態を，スマートフォンケースAの形態に転用すると，登録意匠Cに係る意匠権の侵害となる。

ウ 登録意匠Cと類似する形態を，名刺入れBの形態に転用しても，登録意匠Cに係る意匠権の侵害とはならない。

問26

Check! □□□

時計メーカーX社の知的財産部の部員甲は，新たに販売を開始しようとしている製品Aについて特許調査をした。その結果，製品Aが，時計メーカーY社の特許権Pを侵害している可能性が高いことを発見した。ア～ウを比較して，甲の発言として，最も適切と考えられるものを1つだけ選びなさい。

ア「特許権Pは5年ほど前に設定登録がされており，Y社は特許権Pを使用していると思われる製品を現在も販売しているので，特許権Pの存在の有無を特許原簿により確認する必要は特にありません。」

イ「Y社から特許権Pを侵害する旨の警告が来ているわけではありませんので，とりあえずY社から警告が来る前になるべく早く製品Aの販売を開始しましょう。」

ウ「特許権Pの出願日において，既にわが社では日本国内で製品Aの生産の準備をしていたことを客観的に証明できますので，製品Aの販売を開始しても問題はなさそうです。」

問25 解答・解説 正解：ア

ア ○　適切です。

意匠権者は、その意匠権について他人に通常実施権を許諾することができます(意匠法28条1項)。また、通常実施権者は、この法律の規定により又は設定行為で定めた範囲内において、業としてその登録意匠又はこれに類似する意匠の実施をする権利を有します(同条2項)。したがって、Y社から登録意匠Cに係る意匠権について、通常実施権の許諾を受けることで、登録意匠Cと類似する形態を転用した名刺入れBを製造販売することができます。

イ ×　適切ではありません。

意匠権の侵害とは、権原なき第三者が、業として、登録意匠又はこれに類似する意匠の実施をすること等をいいます(意匠法23条等)。本問の場合、形態は同一であるものの、物品が非類似であるため、意匠は非類似です。したがって、X社の行為は登録意匠Cに係る意匠権の侵害となりません。

ウ ×　適切ではありません。

本問の場合、形態が類似であり、物品も類似であるため、意匠は類似します。したがって、X社の行為は登録意匠Cに係る意匠権の侵害となります。

問26 解答・解説 正解：ウ

ア ×　適切ではありません。

特許権が有効に存在していなければ、特許権を侵害していないことを主張する、つまり否認することができます。したがって、本問では、特許権Pの存在の有無を特許原簿により確認する必要があります。

イ ×　適切ではありません。

警告は特許権に基づく権利行使の要件ではないので、警告の有無にかかわらず、特許権を侵害している可能性が高い製品(侵害被疑品)の販売をすべきではありません。

ウ ○　適切です。

①特許出願に係る発明の内容を知らないで自らその発明をし、又は特許出願に係る発明の内容を知らないでその発明をした者から知得して、②特許出願の際現に③日本国内において④その発明の実施である事業をしている者又はその事業の準備をしている者は、⑤その実施又は準備をしている発明及び事業の目的の範囲内において、その特許出願に係る特許権について通常実施権を有します(特許法79条)。この通常実施権を先使用権といいます。本問では、①～⑤すべての要件を満たすと解され、先使用権を有するため、X社は製品Aを販売することができます。

問27

Check! □□□

甲は，２０２２年８月８日に特許出願Aをした。この場合，特許出願Aについての出願審査請求の最終日が属するのは西暦何年何月か，算用数字で記入しなさい。

問27 解答・解説 正解：西暦２０２５年８月

特許出願があったときは、何人も、その日から3年以内に、特許庁長官にその特許出願について出願審査の請求をすることができます(特許法48条の3第1項)。したがって本問の場合、出願審査請求の最終日は2025年8月8日です。

5

次の発言は，X社の知的財産部の部員甲が，商標法における商標の保護に関して説明しているものである。問２８～問３０に答えなさい。

「菓子メーカーＹ社は，５年前に発売したチョコレート菓子に商標Ａを継続して使用することにより，商標Ａに［ 1 ］が化体し，国内外で知名度の確立に成功しました。これに対し，Ｙ社の同業他社が，Ｙ社の［ 1 ］を利用して利益を得ようと，商標Ａに類似する商標や商標Ａと混同する商標について商標登録出願をする場合があります。このような場合には，他人の［ 2 ］と同一又は類似の商標をその商品等と同一又は類似の商品等について使用をする商標に該当することを理由として，商標登録出願が拒絶されます。ここで，この［ 2 ］かどうかの判断においては，商標が使用されている地域については，原則として［ 3 ］を基準に判断されます。」

問28

Check! □□□

【語群Ⅶ】の中から，空欄［ 1 ］に入る語句として，最も適切と考えられるものを１つだけ選びなさい。

問29

Check! □□□

【語群Ⅶ】の中から，空欄［ 2 ］に入る語句として，最も適切と考えられるものを１つだけ選びなさい。

問30

Check! □□□

【語群Ⅶ】の中から，空欄［ 3 ］に入る語句として，最も適切と考えられるものを１つだけ選びなさい。

語群 Ⅶ			
ア 業務上の信用	イ 周知商標	ウ 営業上の利益	エ 日本国内
オ 使用商標	カ 外国		

問28 解答・解説　正解：ア

商標法の保護対象は、指定商品等について商標を使用することにより商標に化体した業務上の信用です。なお、「化体」とは、観念的な事柄を、具体的な形のあるもので表すことをいいます。

問29 解答・解説　正解：イ

他人の業務に係る商品等を表示するものとして需要者の間に広く認識されている商標又はこれに類似する商標であって、その商品等又はこれらに類似する商品等について使用をする商標についての商標登録出願は拒絶されます(4条1項10号)。ここで、「需要者の間に広く認識されている商標」のことを周知商標といいます。

問30 解答・解説　正解：エ

商標審査基準に、「商標法4条1項10号の規定を適用するために引用される商標は、商標登録出願の時に、我が国内の需要者の間に広く認識されていなければならない。」とあります。

<過去問編>

第42回
知的財産管理技能検定®

3級 実技試験

[問題と解答]

(はじめに)

すべての問題文の条件設定において，特に断りのない限り，他に特殊な事情がないものとします。また，各問題の選択肢における条件設定は独立したものと考え，同一問題内における他の選択肢には影響しないものとします。

特に日時の指定のない限り，2022年1月1日現在で施行されている法律等に基づいて解答しなさい。

1

電機メーカーX社は，技術者甲が独自に創作した発明ａについて，２０２２年6月１０日に特許出願Ｐをした。特許出願後，次の文献１～２が発見されたので，甲はX社の知的財産部の部員乙に特許出願Ｐが各文献を引用して拒絶されるか否かを相談した。なお，X社は特許出願に際して特別な手続は行っていない。

文献１　丙が２０２１年１１月１日に特許出願し，出願公開がされずに２０２２年5月３０日に登録され，２０２２年6月２０日に発行された特許公報であって，当該特許公報の特許請求の範囲には，発明ａと同じ発明が記載されていた。

文献２　２０２２年6月１日にドイツで発行された雑誌であって，発明ａと同じ内容の発明についてドイツ語で記載された記事が掲載されていた。

以上を前提として，問１～問4に答えなさい。

問1

Check! □□□

特許出願Ｐについて，文献１により拒絶されないと考えられる場合は「○」を，拒絶されると考えられる場合は「×」を，解答用紙に記入しなさい。

問2

Check! □□□

問１において，拒絶されない又は拒絶されると判断した理由として，最も適切と考えられるものを【理由群Ｉ】の中から１つだけ選び，対応する記号を解答用紙に記入しなさい。

理由群 Ｉ

ア　拒絶理由には該当しないため

イ　新規性（特許法第29条第１項）の拒絶理由に該当するため

ウ　先願（特許法第39条第１項）の拒絶理由に該当するため

問1 問2 解答・解説 問1正解：× 問2正解：ウ

ア × 適切ではありません。

特許出願前に日本国内又は外国において、頒布された刊行物に記載された発明又は電気通信回線を通じて公衆に利用可能となった発明は、特許を受けることができません(特許法29条1項3号)。本問では、丙による特許出願に基づく特許公報の発行は、特許出願Pの後であるため、発明aは同号の要件を満たしません。一方、同一の発明について異なった日に2以上の特許出願があったときは、最先の特許出願人のみがその発明について特許を受けることができます(同法39条1項)。本問では、丙による特許出願は、特許出願Pよりも先にされており、両出願には同一の発明aが記載されているため、同項の拒絶理由に該当します(同法49条2号)。

イ × 適切ではありません。

アに記載の通りです。

ウ ○ 適切です。

アに記載の通りです。

問3

Check! □□□

特許出願Ｐについて，文献２により拒絶されないと考えられる場合は「○」を，拒絶されると考えられる場合は「×」を，解答用紙に記入しなさい。

問4

Check! □□□

問３において，拒絶されない又は拒絶されると判断した理由として，最も適切と考えられるものを【理由群Ⅱ】の中から１つだけ選び，対応する記号を解答用紙に記入しなさい。

理由群 Ⅱ

ア　拒絶理由には該当しないため

イ　新規性（特許法第２９条第１項）の拒絶理由に該当するため

ウ　先願（特許法第３９条第１項）の拒絶理由に該当するため

さらに，乙は甲に，拒絶理由通知について次のように説明した。

「日本語でされた特許出願の審査において，審査官は，拒絶理由を発見した場合に，出願人に拒絶理由を通知します。これに対して，出願人は出願内容の補正をするために手続補正書を提出できますが，特許出願の願書に最初に添付した明細書，特許請求の範囲又は図面に記載されていない事項を追加する補正はできません。」

以上を前提として，問５～問６に答えなさい。

問3 問4 解答・解説 問3正解：×　問4正解：イ

ア ×　適切ではありません。

特許出願前に日本国内又は外国において、頒布された刊行物に記載された発明又は電気通信回線を通じて公衆に利用可能となった発明は、特許を受けることができません(特許法29条1項3号)。本問では、特許出願Pよりも前に雑誌が発行されています。また、記載されている言語によらず、外国で発行された雑誌は同号の対象です。したがって、本問の特許出願は、同号の拒絶理由に該当します(同法49条2号)。

イ ○　適切です。

アに記載の通りです。

ウ ×　適切ではありません。

アに記載の通りです。

問5

Check! □□□

乙の説明について，適切と考えられる場合は「○」を，不適切と考えられる場合は「×」を，解答用紙に記入しなさい。

問6

Check! □□□

問5において，適切又は不適切であると判断した理由として，最も適切と考えられるものを【理由群Ⅲ】の中から1つだけ選び，対応する記号を解答用紙に記入しなさい。

理由群 Ⅲ

ア　いわゆる最初の拒絶理由通知の場合，指定された期間内であれば特許出願の願書に最初に添付した明細書，特許請求の範囲又は図面に記載されていない事項を追加する補正をすることができるため

イ　拒絶理由の内容によっては，特許出願の願書に最初に添付した明細書，特許請求の範囲又は図面に記載されていない事項を追加する補正をすることができる場合があるため

ウ　出願人は，特許出願の願書に最初に添付した明細書，特許請求の範囲又は図面に記載されていない事項を追加する補正をすることができないため

2

旅行会社X社の甲は，著作物について発言1～3をしている。

発言1「最近人気の特産品を開発した食品メーカーY社の乙を招いて，開発ストーリーを講演してもらいました。この講演は，著作権法上の著作物として保護されません。」

発言2「全国の特産品を独自の観点で選び，特産品の特徴，販売店その他の情報を見やすいように分類したパンフレットを作りました。このパンフレットは，これまでテレビ等で紹介されたことのなかった特産品を取り扱っている販売店も多数紹介されていると好評ですが，このパンフレットは，著作権法上の著作物として保護されません。」

発言3「来年の秋から，わが社は特産品関係の新しい通信販売サービスを行う予定です。そこで，この通信販売サービスの名称として，ローマ字5文字からなるものを考えました。このサービスの名称を明朝体で表しただけの文字は，著作権法上の著作物として保護されません。」

以上を前提として，問7~問12に答えなさい。

問5 問6 解答・解説 問5正解：○　問6正解：ウ

ア ×　適切ではありません。

明細書、特許請求の範囲又は図面について補正をするときは、原則として、願書に最初に添付した明細書、特許請求の範囲又は図面に記載した事項の範囲内においてしなければなりません(特許法17条の2第3項)。これを、新規事項の追加の禁止といいます。また、上記以外の事項を追加する補正をすることができることを定めた例外規定はありません。

イ ×　適切ではありません。

アに記載の通りです。

ウ ○　適切です。

アに記載の通りです。

問7

Check! □□□

発言1について，適切と考えられる場合は「○」を，不適切と考えられる場合は「×」を，解答用紙に記入しなさい。

問8

Check! □□□

問7において，適切又は不適切であると判断した理由として，最も適切と考えられるものを【理由群Ⅳ】の中から1つだけ選び，対応する記号を解答用紙に記入しなさい。

理由群 Ⅳ

ア　著作物にあたらないため

イ　言語の著作物にあたるため

ウ　編集著作物にあたるため

問9

Check! □□□

発言2について，適切と考えられる場合は「○」を，不適切と考えられる場合は「×」を，解答用紙に記入しなさい。

問10

Check! □□□

問9において，適切又は不適切であると判断した理由として，最も適切と考えられるものを【理由群Ⅴ】の中から1つだけ選び，対応する記号を解答用紙に記入しなさい。

理由群 Ⅴ

ア　著作物にあたらないため

イ　保護の対象とならない著作物にあたるため

ウ　編集著作物にあたるため

問7 問8 解答・解説 問7正解：×　問8正解：イ

ア × 適切ではありません。
小説、脚本、論文、講演その他の言語の著作物は、著作権法上の著作物として例示されています（著作権法10条1項1号）。

イ ○ 適切です。
アに記載の通りです。

ウ × 適切ではありません。
アに記載の通りです。

問9 問10 解答・解説 問9正解：×　問10正解：ウ

ア × 適切ではありません。
編集物でその素材の選択又は配列によって創作性を有するものは、著作物として保護されます（著作権法12条1項）。本問のパンフレットは、全国の特産品を独自の観点で選び、特産品の特徴、販売店その他の情報を見やすいように分類していることから、編集著作物の要件を満たします。

イ × 適切ではありません。
アに記載の通りです。

ウ ○ 適切です。
アに記載の通りです。

問11

Check! □□□

発言３について，適切と考えられる場合は「○」を，不適切と考えられる場合は「×」を，解答用紙に記入しなさい。

問12

Check! □□□

問１１において，適切又は不適切であると判断した理由として，最も適切と考えられるものを【理由群Ⅵ】の中から１つだけ選び，対応する記号を解答用紙に記入しなさい。

理由群 Ⅵ

ア　美術の著作物にあたるため

イ　言語の著作物にあたるため

ウ　著作物にあたらないため

3

問13

Check! □□□

アパレルメーカーＸ社は，マークＭに係る商標Ａについて指定商品Ｂとする商標権を取得した。ア～ウを比較して，当該商標権について権原を有しないＹ社の使用に関して，最も<u>不適切</u>と考えられるものはどれか。対応する記号を解答用紙に記入しなさい。

ア　Ｙ社は，商標Ａを，指定商品Ｂと類似する商品Ｃについて使用すると，Ｘ社の商標権の侵害となる。

イ　Ｙ社は，商標Ａを，指定商品Ｂと商品の区分が異なる商品Ｄについて使用しても，Ｘ社の商標権の侵害となる場合はない。

ウ　Ｙ社は，商標Ａを，指定商品Ｂと類似する役務Ｅについて使用すると，Ｘ社の商標権の侵害となる。

問11問12 解答・解説 問11正解：○ 問12正解：ウ

ア × 適切ではありません。

「著作物」とは、思想又は感情を創作的に表現したものであって、文芸、学術、美術又は音楽の範囲に属するものをいいます(著作権法2条1項1号)。本問の文字は、創作的に表現したとはいえないため、著作権法上の著作物にあたりません。なお、著作権法上の著作物として絵画、版画、彫刻その他の美術の著作物が例示されています(著作権法10条1項4号)。

イ × 適切ではありません。

アに記載の通りです。

ウ ○ 適切です。

アに記載の通りです。

3

問13 解答・解説 正解：イ

ア ○ 適切です。

指定商品若しくは指定役務についての登録商標に類似する商標の使用又は指定商品若しくは指定役務に類似する商品若しくは役務についての登録商標若しくはこれに類似する商標の使用は、商標権を侵害するものとみなされます(商標法37条1号)。したがって、本問における、Y社による登録商標Aを、指定商品Bと類似する商品Cについて使用する行為は、X社の商標権の侵害となります。

イ × 適切ではありません。

商品及び役務の区分は、商品又は役務の類似の範囲を定めるものではありません(商標法6条3項)。したがって、Y社が、商品の区分が異なる商品Dについて使用したとしても、それだけでただちに侵害とならないわけではありません。

ウ ○ 適切です。

本問の場合、指定商品に類似する役務についての登録商標の使用にあたるため(商標法37条1号)、Y社の行為は、X社の商標権の侵害となります。

問14

Check! □□□

ベンチャー企業X社の代表取締役甲は，自社の特許権Pに係る発明について，２０２２年２月２５日に技術発表会において発表したところ，その会場にいた部品メーカーY社の代表取締役乙から特許権Pについて，具体的なライセンス条件を提示した上で１千万円で実施許諾を受けたいとの申込を口頭で受けた。他の開発案件のための資金調達に困っていた甲は，その場で直ちに乙の申込に口頭で承諾した。その後，２０２２年3月１０日に乙は甲から捺印前の実施許諾契約書を受け取った。そして，２０２２年3月２５日に甲はY社を訪問し，その場で甲と乙が実施許諾契約書に捺印した。ア～ウを比較して，甲の発言として，最も適切と考えられるものはどれか。対応する記号を解答用紙に記入しなさい。

ア「特許権Pの実施許諾契約は２０２２年2月２５日の時点で成立したと考えられます。」

イ「特許権Pの実施許諾契約は２０２２年3月１０日の時点で成立したと考えられます。」

ウ「特許権Pの実施許諾契約は２０２２年3月２５日の時点で成立したと考えられます。」

問15

Check! □□□

ア～ウを比較して，著作権法上の同一性保持権の侵害に該当する可能性が高い行為として，最も適切と考えられるものはどれか。対応する記号を解答用紙に記入しなさい。

ア　小説家が書いた原稿の誤字を編集者が修正する行為

イ　ホテルの客室の雰囲気に合わせるため，著作者から購入したステンドグラスの一部の色を変更する行為

ウ　老朽化したため，有名な建築家が設計した美術館を修繕する行為

問14 解答・解説　正解：ア

ア ○　適切です。

契約は、契約の内容を示してその締結を申し入れる意思表示(申込み)に対して相手方が承諾をしたときに成立します(民法522条1項)。また、契約の成立には、原則として、書面の作成その他の方式を具備することを要しません(同法2項)。つまり、口頭であっても、申込みを相手方が承諾した時点で契約は成立します。

イ ×　適切ではありません。

アに記載の通りです。

ウ ×　適切ではありません。

アに記載の通りです。

問15 解答・解説　正解：イ

ア ×　適切ではありません。

著作者は、その著作物及びその題号の同一性を保持する権利(同一性保持権)を有し、その意に反してこれらの変更、切除その他の改変を受けないものとすることが規定されています(著作権法20条1項)。ここで、誤字や脱字を修正する行為については、改変にあたらないと解されています。したがって、本問の行為は同一性保持権を侵害しません。

イ ○　適切です。

著作者がステンドグラスの一部の色を変更することを意図していない場合には、本問の行為は、著作者の意に反する改変であるとして、同一性保持権を侵害します。

ウ ×　適切ではありません。

建築物の増築、改築、修繕又は模様替えによる改変については、同一性保持権を適用しません(著作権法20条2項2号)。したがって、本問の行為は同一性保持権を侵害しません。

問16

Check! □□□

釣り具メーカーX社は，社外の技術者甲に依頼して開発してもらった釣り竿に関する発明についての特許出願を検討している。ア～ウを比較して，X社の知的財産部の部員の考えとして，最も不適切と考えられるものはどれか。対応する記号を解答用紙に記入しなさい。

ア X社が甲に開発費を支払って開発した発明であっても，この発明の発明者は甲になる。

イ 甲には，釣り竿に関する発明の完成と同時に特許を受ける権利が発生し，甲は，この権利を他人に譲渡することができる場合がある。

ウ X社が特許出願をするためには，X社と甲との間で，特許を受ける権利をX社に譲渡する旨の契約が発明完成前に予め締結されていることが必要である。

問17

Check! □□□

化学品メーカーX社は，新規な化学品A及び化学品Aの製造方法を開発し，化学品Aの製造方法につき特許出願するか否かについて検討している。ア～ウを比較して，X社の知的財産部の部員の発言として，最も適切と考えられるものはどれか。対応する記号を解答用紙に記入しなさい。

ア「化学品Aの製造方法に係る発明は，いわゆる方法のカテゴリーの発明であり，特許を受けることはできません。」

イ「化学品Aの製造方法により製造した化学品Aの販売は，化学品Aの製造方法に係る発明の実施に該当します。」

ウ「化学品Aに係る発明について特許出願すれば，化学品Aの製造方法に係る発明はノウハウとして自動的に保護されるので，化学品Aの製造方法について特許出願をする必要はありません。」

問16 解答・解説 正解：ウ

ア ○　適切です。

特許法上、発明者についての明文上の規定はありませんが、学説によると、発明者とは、その発明の創作行為に現実に加担した者と解されています（特許庁「日本における発明者の決定」p.2）。したがって、本問の場合、X社が甲に開発費を支払って開発したか否かにかかわらず、発明者は甲になります。

イ ○　適切です。

産業上利用することができる発明をした者は、その発明について特許を受けることができます（特許法29条1項柱書）。また、特許を受ける権利は、譲渡することができます（同法33条1項）。

ウ ×　適切ではありません。

このような規定はありません。通常の手続に従い、甲が特許を受ける権利をX社に譲渡すれば足ります。

問17 解答・解説 正解：イ

ア ×　適切ではありません。

方法のカテゴリーの発明は、特許を受けることができます（特許法2条3項2号）。

イ ○　適切です。

物を生産する方法の発明にあっては、その方法を使用する行為、その方法により生産した物の使用、譲渡等、輸出若しくは輸入又は譲渡等の申出をする行為が、発明の実施に該当します（特許法2条3項3号）。

ウ ×　適切ではありません。

このような規定はありません。化学品Aの製造方法に係る発明についても保護したいのであれば、この方法についても特許出願をする必要があります。

問18

Check! □□□

飲料メーカーX社の知的財産部の部員が，新商品に表示する商標について商標登録出願を検討している。ア～ウを比較して，部員の考えとして，最も適切と考えられるものはどれか。対応する記号を解答用紙に記入しなさい。

ア X社は，会社名である「X株式会社」を，既に商号登記しているので，X社が，新商品のパッケージに表示される「X」について商標登録出願した場合には，確実に登録される。

イ 新商品のパッケージに，図形からなる独創的なロゴマークAを表示することに決定した。ロゴマークAについては著作権法で保護されないので，保護を受けるためには商標登録出願をする必要がある。

ウ 外国の有名な飲料メーカーY社が販売しているコーヒーの著名なブランドBの語感は，新商品のイメージと合っている。Y社はブランドBについて日本に商標登録出願をしていないが，X社が，ブランドBについて新商品を指定商品とする商標登録出願をしても，Y社の日本国内への参入を阻止する目的の出願に該当するとして登録されない場合がある。

問19

Check! □□□

ア～ウを比較して，著作権の侵害に関して，最も適切と考えられるものはどれか。対応する記号を解答用紙に記入しなさい。

ア 著名な画家直筆の似顔絵を友人に貸す行為は，貸与権の侵害とはならない。

イ 公園の風景を撮影した際に公園の入口にあった映画のポスターが意図せず小さく写り込んでしまった写真を雑誌に掲載する行為は，複製権の侵害となる。

ウ 自分の母親が会社の業務で使用するために，母親に頼まれて市販の雑誌をコピーする行為は，私的使用のための複製にあたり，複製権の侵害とはならない。

問18 解答・解説 正解：ウ

ア × 適切ではありません。

極めて簡単で、かつ、ありふれた標章のみからなる商標は、商標登録を受けることができません(商標法3条1項5号)。商標審査基準には、同号に該当する商標として、ローマ字の１字又は２字からなるものが挙げられています。また、同号に該当したとしても商号登記している場合には商標登録されることを定めた例外規定はありません。

イ × 適切ではありません。

著作権法上保護される「著作物」とは、思想又は感情を創作的に表現したものであって、文芸、学術、美術又は音楽の範囲に属するものをいいます(著作権法2条1項1号)。本問のロゴマークＡは、著作権法上の著作物にあたり、著作権法で保護されると解されます。なお、商標法上、「商標」とは、人の知覚によって認識することができるもののうち、文字、図形、記号、立体的形状若しくは色彩又はこれらの結合、音その他政令で定めるもの(標章)であって、所定の使用をするものと規定されているため(商標法2条1項1号)、ロゴマークＡは商標法でも保護されます。

ウ ○ 適切です。

他人の業務に係る商品又は役務を表示するものとして日本国内又は外国における需要者の間に広く認識されている商標と同一又は類似の商標であって、不正の目的をもって使用をするものは、商標登録を受けることができません(商標法4条1項19号)。ここで、本問におけるＹ社の日本国内への参入を阻止する目的は、「不正の目的」に該当します。したがって、Ｘ社の出願は登録されない場合があります。

問19 解答・解説 正解：ア

ア ○ 適切です。

著作者は、その著作物をその複製物の貸与により公衆に提供する権利(貸与権)を専有します(著作権法26条の3)。本問では、著作物の複製物ではなく著作物自体を貸しているため、本問の行為は、貸与権の侵害とはなりません。

イ × 適切ではありません。

写真の撮影等の方法によって著作物を創作するに当たって、著作物(写真等著作物)に係る撮影等の対象とする事物等から分離することが困難であるため付随して対象となる事物等に係る他の著作物(付随対象著作物)は、創作に伴って複製等することが侵害行為にあたらないと規定されています(著作権法30条の2第1項、文化庁HP「いわゆる「写り込み」等に係る規定の整備について」)。これを付随対象著作物の利用といいます。

ウ × 適切ではありません。

著作物は、個人的に又は家庭内その他これに準ずる限られた範囲内において使用すること(私的使用)を目的とするときは、原則として、その使用する者が複製することができます(著作権法30条1項柱書)。本問の場合、会社の業務で使用するために複製しているので、私的使用のための複製には該当せず、複製権を侵害します。

問20

Check! □□□

機械メーカーX社の知的財産部の部員甲は，研究者乙に，特許協力条約（ＰＣＴ）における国際出願の国際公開について説明している。ア〜ウを比較して，甲の発言として，最も適切と考えられるものはどれか。対応する記号を解答用紙に記入しなさい。

ア「国際公開は，原則として優先日から１８カ月経過後に，国際事務局によって行われます。」

イ「英語と異なる言語によって作成された国際出願の書類は英訳され，国際公開は英語のみによって行われます。」

ウ「国際出願日が認定され，国際調査の請求がされた国際出願のみが国際公開の対象となります。」

問21

Check! □□□

工具メーカーX社は，新規な電動ドリルAを開発して実用新案登録出願をした。電動ドリルAは，グリップの形状に特徴があり，これまでにない新しいデザインなので意匠権として保護すべきではないかとの意見があり，X社の知的財産部で検討を行うことになった。ア〜ウを比較して，知的財産部の部員の発言として，最も不適切と考えられるものはどれか。対応する記号を解答用紙に記入しなさい。

ア「グリップの形状に特徴があるので，電動ドリルAの全体の形状の他にグリップの部分について部分意匠として意匠登録出願をした方がよいと思います。」

イ「物品のデザインについては，不正競争防止法により保護を受けることができることがあります。不正競争防止法により保護を受けるためには，意匠登録出願をしていることは要件となりません。」

ウ「実用新案登録出願は早期に登録がされますので，実用新案登録がされるのを待ってから，電動ドリルAのグリップの形状について別途意匠登録出願をすべきです。」

問20 解答・解説 正解：ア

ア ○　適切です。

国際出願の国際公開は、原則として、国際出願の優先日から18カ月を経過した後速やかに行われます(PCT21条(2)(a))。また、国際事務局は、国際出願の国際公開を行います(同条(1))。

イ ×　適切ではありません。

発明の名称、要約書、国際調査報告については、PCT国際出願が英語以外の言語の場合、必ず英語の翻訳が添付されます(特許庁「PCT国際出願制度の概要 ～海外で賢く特許権を取得するPCTの仕組み～」p.37)。国際公開は、「日本語、アラビア語、中国語、英語、フランス語、ドイツ語、ロシア語、スペイン語、韓国語、ポルトガル語」で出願されたPCT国際出願については、その言語で公開され、それ以外の言語で出願されたPCT国際出願は、出願人が翻訳した国際公開言語で公開されます(同p.36, p.37)。

ウ ×　適切ではありません。

国際公開についてこのような規定はありません。そもそも、国際調査の請求という手続はありません。

問21 解答・解説 正解：ウ

ア ○　適切です。

「意匠」とは、物品(物品の部分を含む)の形状等であって、視覚を通じて美感を起こさせるものをいいます(意匠法2条1項)。部分意匠について意匠登録を受けることで、意匠の独創的で特徴のある部分のみを模倣し、意匠全体としては非類似の意匠に対して、有効に権利行使をすることが可能になります。

イ ○　適切です。

デザインは商品の形態として不正競争防止法による保護を受けることができることがあります。また、不正競争防止法により保護を受けるためには、意匠登録出願をしていることは要件となりません。

ウ ×　適切ではありません。

実用新案登録がされると、出願の内容を記載した実用新案公報が発行されます(実用新案法53条1項、及び同条2項で準用する特許法193条2項)。したがって、電動ドリルAのグリップの形状は、意匠登録出願前に日本国内において、頒布された刊行物に記載された意匠に該当して新異性を喪失することとなるため、この形状に係る意匠は、意匠登録を受けることができません(意匠法3条1項2号)。また、実用新案等に関する公報に掲載されたことにより新規性を喪失するに至った意匠は新規性の喪失の例外規定の適用を受けることができません(同法4条2項かっこ書)。したがって、実用新案登録がされるのを待ってから、意匠等登録出願をすべきではありません。

問22 Check! □□□

化粧品メーカーX社は，日本で特許出願Pをした新規な口紅Aに係る発明について，フランスでも特許権を取得したいと考えている。ア～ウを比較して，X社の知的財産部の部員の発言として，最も適切と考えられるものはどれか。対応する記号を解答用紙に記入しなさい。

ア「特許出願Pに基づいてパリ条約上の優先権を主張して，フランスを指定国に含む特許協力条約（ＰＣＴ）に係る国際出願を行っても，フランスの国内移行段階において優先権の効果は認められません。」

イ「特許出願Pの出願日から１２カ月以上経過してしまうと，口紅Aに係る発明についてフランスに直接，特許出願をすることはできません。」

ウ「特許出願Pに基づいてパリ条約上の優先権を主張して，特許出願Pの出願日から１２カ月以内にフランスに特許出願した場合，特許出願Pの出願後フランスへの特許出願前にX社が口紅Aを日本及びフランスにおいて販売を開始したことによって，フランスの特許出願が拒絶されることはありません。」

問23 Check! □□□

ア～ウを比較して，種苗メーカーX社の知的財産部の部員の発言として，最も不適切と考えられるものはどれか。対応する記号を解答用紙に記入しなさい。

ア「登録品種の育成方法についての特許権を有する者であっても，当該特許に係る方法によりX社の登録品種の種苗を生産することはできません。」

イ「試験目的の利用であれば，育成者権者の許諾がなくても登録品種を利用できます。」

ウ「育成者権の存続期間は，品種登録の日から始まり，存続期間の延長をすることはできません。」

問22 解答・解説　正解：ウ

ア ×　適切ではありません。
パリ条約よる優先権を主張してPCT国際出願をすることができます。また、フランスはパリ条約の同盟国なので、フランスの国内移行段階においてこの優先権の効果が認められます(特許庁「PCT国際出願制度の概要 ～海外で賢く特許権を取得するPCTの仕組み～」p.12)。

イ ×　適切ではありません。
特許におけるパリ条約による優先権の優先期間は12カ月ですが(パリ条約4条C(1))、この期間を過ぎるとパリ条約による優先権を主張した特許出願ができないだけであり、外国に直接特許出願をすることは可能です。

ウ ○　適切です。
問題文の通りです。パリ条約による優先権の主張の効果として規定されています(パリ条約4条B)。

問23 解答・解説　正解：ア

ア ×　適切ではありません。
育成者権者は、品種登録を受けている品種及び当該登録品種と特性により明確に区別されない品種を業として利用する権利を専有します(種苗法20条1項)。但し、登録品種の育成をする方法についての特許権を有する者等が当該特許に係る方法により登録品種の種苗を生産等する行為については、育成者権の効力が及びません(同法21条1項2号)。

イ ○　適切です。
品種の育成その他の試験又は研究のためにする品種の利用については、育成者権の効力が及びません(種苗法21条1項1号)。

ウ ○　適切です。
育成者権の存続期間は、品種登録の日から25年です(種苗法19条2項)。また、種苗法上、存続期間の延長については規定されていません。なお、特許法においては、存続期間の延長について規定されています(特許法67条2項)。

問24

Check! □□□

ア～ウを比較して，意匠として登録される可能性が高いものとして，最も適切と考えられるものはどれか。対応する記号を解答用紙に記入しなさい。

ア 神棚

イ 自然石

ウ 塩

問25

Check! □□□

イタリアの自転車部品メーカーX社は，日本に法人を設立し，商品名「GTKB」を付した自転車用ペダルの日本での販売を開始した。一方，日本の自転車部品メーカーY社は，登録商標「GTKB」，指定商品「自転車の部品及び附属品」とする商標権Mを有している。ア～ウを比較して，X社の考えとして，最も適切と考えられるものはどれか。対応する記号を解答用紙に記入しなさい。

ア X社とY社との交渉の結果，Y社はX社に，商標権Mの全範囲について，通常使用権の許諾契約をしたが，通常使用権の登録がされなければ，X社には商標権Mに係る通常使用権の効力が生じない。

イ X社はY社の登録商標と偶然同じ標章を使用していたものであり，何らY社のビジネスを阻害する意図はなかった。従って，X社からの申出があれば，Y社はライセンス交渉等に応じる必要がある。

ウ Y社が日本国内で3年間継続して商標権Mに係る登録商標を使用していない場合，X社は当該商標登録を取り消すことができる可能性がある。

問24 解答・解説 正解：ア

ア ○　適切です。

「意匠」とは、物品の形状等であって、視覚を通じて美感を起こさせるものをいいます(意匠法2条1項)。神棚は、この要件を満たし、意匠法上の意匠として登録される可能性が高いといえます。

イ ×　適切ではありません。

工業上利用することができる意匠の創作をした者は、新規性のない意匠を除き、その意匠について意匠登録を受けることができます(意匠法3条1項柱書)。意匠審査基準には、自然石をそのまま使用した置物のように、ほとんど加工を施さない自然物をそのままの形状で使用するものは、工業上利用することができるものに該当しないことが規定されています。したがって、自然石は意匠として登録される可能性が高いとはいえません。

ウ ×　適切ではありません。

「粉状物及び粒状物の集合しているもの」は、物品と認められないものとして例示されています(意匠審査基準)。したがって、塩は、意匠として登録される可能性が高いとはいえません。

問25 解答・解説 正解：ウ

ア ×　適切ではありません。

通常使用権は、登録されなくても効力が生じます。なお、専用使用権は、登録されなければ効力が生じません(商標法30条4項で準用する特許法98条1項2号)。

イ ×　適切ではありません。

このような規定はありません。つまり、X社が偶然Y社の登録商標と同じ標章を使用していたとしても、Y社はライセンス交渉等に応じる義務はありません。

ウ ○　適切です。

①継続して3年以上②日本国内において③商標権者等が④各指定商品等ついての登録商標の使用をしていないときは、⑤何人も、その指定商品等に係る商標登録を取り消すことについて審判を請求することができます(商標法50条1項)。この審判を不使用取消審判といいます。本問の場合、①～⑤の要件をすべて満たすため、X社は商標登録を取り消すことができる可能性があります。

問26

Check! □□□

健康機器メーカーX社は，新しい体温計Aを開発したところ，その形状は，Y社が販売するスプーン及びフォークと似た形状であることが判明し，意匠権Dを有していることもわかった。ア～ウを比較して，X社の技術者から相談を受けたX社の知的財産部の部員の発言として，最も適切と考えられるものはどれか。対応する記号を解答用紙に記入しなさい。なお，「体温計」と，「スプーン」及び「フォーク」とは非類似物品である。

ア「Y社の意匠権Dを調べましたが物品をスプーンとしたものでした。物品が非類似であっても，形状が全く同じ場合には混同が生じる場合があり，体温計Aに意匠権Dの効力が及ぶおそれがあるので，少しデザインを変更した方がよいですね。」

イ「Y社の意匠権Dを調べましたが物品をスプーンとしたものでした。体温計Aとは，物品が非類似であり，意匠権Dの効力は及びません。」

ウ「Y社のウェブサイトを確認したところ，フォークについての意匠登録出願Bが掲載されていました。意匠登録出願Bが意匠登録された場合，体温計Aにも意匠権Dの効力が及ぶので，異なる形状にした方がよいですね。」

4

問27

Check! □□□

自動車メーカーX社は，自動運転車に関する発明についての特許出願Pを２０１９年１２月５日に出願した後，特許出願Pについて２０２０年４月１日に出願公開の請求をした。そして２０２１年6月1日に特許出願Pについて出願審査の請求を行い，２０２２年6月1日に特許権が設定登録された。この場合，特許出願Pに係る特許権の存続期間が最も長い場合の特許権の存続期間の終期の属する年は西暦何年か，算用数字で解答用紙に記入しなさい。

問26 解答・解説 正解：イ

ア × 適切ではありません。
意匠権の侵害とは、権原なき第三者が、業として、登録意匠又はこれに類似する意匠の実施をすること等をいいます(意匠法23条等)。つまり、意匠同士が混同を生じるか否かは侵害の成否に影響がありません。スプーンと体温計は物品が非類似であるため意匠は非類似であり、体温計Ａに係る意匠の実施に意匠権Ｄの効力は及びません。

イ ○ 適切です。
アに記載の通りです。

ウ × 適切ではありません。
フォークと体温計は物品が非類似であるため意匠は非類似であり、体温計Ａに係る意匠の実施に意匠権Ｄの効力は及びません。

4

問27 解答・解説 正解：西暦２０３９年

特許権の存続期間は、特許出願の日から20年をもって終了します(特許法67条1項)。また、本問の場合、延長登録の出願により存続期間を延長することはできません(同条2項参照)。したがって、特許出願Ｐの日から20年経過時の2039年12月5日に、特許出願Ｐに係る特許権の存続期間が満了します。

5

次の発言は，X社の知的財産部の部員が商標法の目的に関して新入社員に説明しているものである。問２８～問３０に答えなさい。

「商標法の目的は，商品やサービスの名称の登録を通じて，商品やサービスに蓄積された［ 1 ］を保護することにあります。ここで，商標とは，人の［ 2 ］によって認識することができるもののうち，文字，図形，記号，立体的形状若しくは色彩又はこれらの結合，音その他政令で定めるものであって，［ 3 ］商品を生産等する者が，その商品について使用をするもの，若しくは［ 3 ］役務を提供等する者が，その役務について使用をするものです。」

問28

Check! □□□

空欄［ 1 ］に入る最も適切な語句を【語群Ⅶ】の中から選び，解答用紙に記入しなさい。

問29

Check! □□□

空欄［ 2 ］に入る最も適切な語句を【語群Ⅶ】の中から選び，解答用紙に記入しなさい。

問30

Check! □□□

空欄［ 3 ］に入る最も適切な語句を【語群Ⅶ】の中から選び，解答用紙に記入しなさい。

語群 Ⅶ				
信頼性	視覚	業として	模様	イメージ
継続的に	一定期間	知覚	業務上の信用	

問28 解答・解説　正解：業務上の信用

商標法は、商標を保護することにより、商標の使用をする者の業務上の信用の維持を図り、もって産業の発達に寄与し、あわせて需要者の利益を保護することを目的とします(商標法1条)。

問29 解答・解説　正解：知覚

「商標」とは、人の知覚によって認識することができるもののうち、文字、図形、記号、立体的形状若しくは色彩又はこれらの結合、音その他政令で定めるもの(標章)であって、業として商品を生産し、証明し、又は譲渡する者がその商品について使用をするもの、もしくは業として役務を提供し、又は証明する者がその役務について使用をするものをいいます(商標法2条1項各号)。

問30 解答・解説　正解：業として

問29に記載の通りです。